# 童女迦葉考

——論呂凱文〈佛教輪迴思想的論述分析〉之謬

——平實導師 著

ISBN:978-986-6431-52-4

執著離念靈知心爲實相心而不肯捨棄者，即是畏懼解脫境界者，即是畏懼無我境界者，即是凡夫之人。謂離念靈知心正是意識心故，若離**俱有依**（意根、法塵、五色根），即不能現起故；若離**因緣**（如來藏所執持之覺知心種子），即不能現起故；復於眠熟位、滅盡定位、無想定位（含無想天中）、正死位、悶絕位等五位中，必定斷滅故。夜夜眠熟斷滅已，必須依於**因緣**、**俱有依緣**等法，方能再於次晨重新現起故；夜夜斷滅後，已無離念靈知心存在，成爲無法，無法則不能再自己現起故；由是故言**離念靈知心是緣起法**、**是生滅法**。不能現觀離念靈知心是緣起法者，即是未斷我見之凡夫；不願斷除**離念靈知心常住不壞之見解者**，即是恐懼解脫無我境界者，當知即是凡夫。

——**平實導師**——

一切誤計意識心為常者，皆是佛門中之常見外道，皆是凡夫之屬。意識心境界，依層次高低，可略分為十：一、處於欲界中，常與五欲相觸之離念靈知；二、未到初禪地之未到地定中，暗無覺知而不與欲界五塵相觸之離念靈知，常處於不明白一切境界之暗昧狀態中之離念靈知；三、住於初禪等至定境中，不與香塵、味塵相觸之離念靈知；四、住於二禪等至定境中，不與五塵相觸之離念靈知；五、住於三禪等至定境中，不與五塵相觸之離念靈知；六、住於四禪等至定境中，不與五塵相觸之離念靈知；七、住於空無邊處等至定境中，不與五塵相觸之離念靈知；八、住於識無邊處等至定境中，不與五塵相觸之離念靈知；九、住於無所有處等至定境中，不與五塵相觸之離念靈知；十、住於非想非非想處等至定境中，不與五塵相觸之離念靈知。如是十種境界相中之覺知心，皆是意識心，計此為常者，皆屬常見外道所知所見，名為佛門中之常見外道，不因出家、在家而有不同。

——平實導師——

如聖教所言，成佛之道以親證阿賴耶識心體（如來藏）為因，《華嚴經》亦說**證得阿賴耶識者獲得本覺智**，則可證實：證得阿賴耶識者方是大乘宗門之開悟者，方是大乘佛菩提之眞見道者。經中、論中又說：證得阿賴耶識而轉依**識上所顯真實性**、**如如性**，能安忍而不退失者即是**證真如**、即是大乘賢聖，在二乘法解脫道中至少為初果聖人。由此聖教，當知親證阿賴耶識而確認不疑時即是開悟眞見道也；除此以外，別無大乘宗門之眞見道。若別以他法作為大乘見道者，或堅執**離念靈知**亦是實相心者（堅持意識覺知心離念時亦可作為明心見道者），則成為實相般若之見道內涵有多種，則成為實相有多種，則違實相絕待之聖教也！故知宗門之悟唯有一種：親證第八識如來藏而轉依如來藏所顯眞如性，除此別無悟處。此理正眞，放諸往世、後世亦皆準，無人能否定之，則堅持離念靈知意識心是眞心者，其言誠屬妄語也。

——**平實導師**——

# 目次

# 自序

二十世紀以來，由於歐美之船堅砲利、科學發達，導致世人崇尚西學而輕賤東方文化；更因日本學術界急於脫亞入歐而開始假藉近代學術手段，貶抑中國傳統文化及正統佛教，而有近代「批判佛教、修剪菩提樹」等思想、著作之肇興與流傳；國內則有崇尚聲聞法及凡夫行之僧人隨之起舞，互相呼應而踐踏中國傳統文化與正統佛教；於是乎儒學不興、佛教衰敗，三綱五常及正統佛教八識論正理，因此俱皆淹沒不彰，聲聞凡夫僧之六識論謬理大肆張揚於中國佛教界已至百年。

在舉國普遍崇尚物質文明的前提下，物欲橫流而導致六識論之假藏傳佛教興盛，眞藏傳佛教及正統佛教俱受壓抑，於是破壞正理、淹沒眞相的坦特羅（近譯譚崔）假佛教的雙身法大爲流行；乃至部分寺院夜夜關起門來廣修雙身法，高廣建築金碧輝煌的大山頭猶如國中之國，其中之住持比丘猶如國王，常住比丘尼眾猶如其后、妃、嬪……等，夜裡淫聲喧騰而不傳於外；若非圈內實際參與者，只能見其表相，始終不知背後之實況。所以致此者，皆因第八識如來藏妙法極難實證，以故不彰；復因時代動亂而致善知識不能出世弘揚妙法，縱有勉強出世弘法者，亦因眾口爍金以致善知識多受打壓，無法救護眾生，於是社會沈淪、佛門腐敗，難以回復清淨舊觀。然若推究背後之具體緣由，其實仍然是日本學術界藉學術手段妄稱考證而迷惑世人，中國之無智大師與學人唯見學術考證之表相以致迷信，遂坐令邪說日漸猖狂坐大，轉易大乘佛教多數凡夫大師、學人原有之正知見而同受其害。

然而所謂佛法研究之學術論說，唯有實證之菩薩方有能力爲之；謂證悟之後始有智慧能如實理解佛教經典之所說，才能深入經義而研之、究之，爲求廣大發揚經中義理而書之爲文，即成菩薩所造之論。如是大行決非未修未證之凡夫引據經文而作文字訓詁者所能爲之，決非古今凡夫論師所能仿效成功者。謂諸未證之凡夫僧俗俱無能力稍窺實證菩薩智慧境界之一、二也，若仿造之，必然不能免於後代實證菩薩加以辨正之窘境也，古時安慧法師仿效菩薩而寫作《大乘廣五蘊論》，於今不能免於平實《識蘊眞義》一書之據理辨正，即是具體實例。

是故，現代學術界所謂之佛學學術研究，難免落入文字訓詁之中而不自覺，往往寫出洋洋灑灑之謬論而洋洋自得，必待後時實證菩薩加以舉論之後方顯敗闕，實爲不知不覺實相般若者之愚行。

所以者何？謂第一義諦甚深絕妙，尚非三明六通大阿羅漢之所能知，而十方諸佛弘傳之時亦必隱覆密意以說妙法，絕非諸經文字表義之所顯示者，云何不事實修之學術界凡夫僧俗乃至外道等從事文字訓詁而能知之？觀乎粗淺如四大部《阿含經》所說聲聞、緣覺解脫之道，尚非學術界諸多教授、副教授之所能知，研之究之數十年後，仍皆未斷我見以致三縛結具在；何況三明六通大阿羅漢所未能知之大乘第一義諦，彼諸凡夫僧俗何能知之？乃竟堅執邪見不捨而自以爲能超越意識思惟境界，繼續寫作論文用以抵制大乘妙法，故有呂凱文先生一類邪論之造作流行於人間。

如是破壞中國大乘妙法之邪論，若被當代無智之人編入大藏經中，猶如《大正藏》之編入種種密宗僞經、僞論而被無知大師、學人奉爲正法，久後必將誤導後世無數學人踵繼步入邪見中，永遠不能超脫，則將永無實證第一義諦之時；下至粗淺之二乘菩提亦將因之永無實證之時，則一切眾生之法身慧命危矣！職是之故，對學術界不事實修之凡夫僧俗所造種種謬論，已知其未來將對中國大乘佛教產生負面影響者，皆不能不給予當面論證，以是緣故而有此書之寫作及登載。今既已於《正覺電子報》連載完畢，則當重新潤飾並予梓行流通，抑制邪見謬論橫行，免除今世後代學人受其影響，庶於佛法得有實證之因緣，扭轉中國大乘佛教日趨衰敗之頹勢，即以略述此書成就之因緣而以為序。

佛子 平實 謹序

公元二〇一三年初夏 謹識於竹桂山居

# 第一章 緣起

緣有呂凱文先生者，基於日本一分批判佛教者之立場，認爲四阿含諸經並非一次結集成功，是如同釋印順所說先有第一次的五百結集以後，再經第二次的七百結集增補，乃至部派佛教後的長期創造結集，才圓滿了四阿含諸經的結集；但印順法師此說虛謬，詳見拙著《阿含正義》中之舉證與論述。（《阿含正義》，正智出版社，台北，2006，初版首刷。）呂先生以此錯誤認知作爲前提，再根據後出的二乘古人所造《分別功德論》爲依據，寫作〈佛教輪迴思想的論述分析〉（中華佛學研究所，《中華佛學研究》第九期，2005，頁1～27）論文，意謂童女迦葉是聲聞人，似有推翻阿含部經典所說童女迦葉爲菩薩身分之意，乃辯稱童女一名爲姓氏，而非原有童女（童子）身分之義；此說已經剝奪了童女迦葉之菩薩身分，變相暗示了阿含部經典中並無菩薩存在之證據，意欲藉此轉爲「菩薩行者之出現乃是在佛陀入滅後千年方才出現」之證明依據，證成聲聞行者所說「佛世尚無菩薩行者遊化人間」之主張。若此推理得以成立，則「大乘非佛說」之理即可成立；從此以後，修學佛法者只需信受聲聞部派佛教凡夫僧主張之六識論常見法，不必努力親證第八識如來藏，則大乘經典即可廢棄不讀、不修了，人人都能以極淺之意識思惟所得世俗法緣起性空觀，自稱成佛、成阿羅漢了，則釋印順主張的「凡夫菩薩行道長久時劫即可成佛」的理論即得成立。

如此一來，只需修學粗淺的解脫道，即可稱為成佛之道的實修了；並且也可以不必斷除我見，只需認定意識是常住不滅的，保持意識覺知心住於放下一切的境界，住在離念靈知、放下我所煩惱的境界中，就是有餘涅槃境界，就是實證阿羅漢果了。

如是證境，同於假藏傳佛教應成派中觀的六識論邪見，以意識所住離煩惱、離語言妄想之境界，作為無餘涅槃中的境界；冀望死後以意識自己入住如是靈明境界中永遠存在而可不再受生，誤以為意識單獨常存而無念無想之境界即是無餘涅槃境界，錯認爲已經解脫生死輪迴痛苦。但這只是外道五種現見涅槃中的第一種，不離欲界五塵境界，未斷三縛結而無法不再進入中陰境界中，仍然必須再受生死輪迴。如是見解，是將深奧廣大的佛菩提道，淺化爲粗淺易解的羅漢道；再將凡夫與外道所無法理解的羅漢道，淺化爲世俗生死意識境界之人間道，妄稱意識所知的人間道放下煩惱即是解脫道的正修。舉凡信受如是理論與行門之修行者，皆將無法眞實成就解脫道，無能出離生死痛苦；更無法實修成佛之道，離佛菩提道益發遙遠，永無觸證佛菩提之時。

推究其永遠墮落凡夫、異生境界之原因，即是植基於聲聞部派佛教凡夫僧的六識論邪見所致，亦是不明 佛陀在第二、三轉法輪時期大乘、小乘並行共弘之歷史事實，亦是誤信藏傳佛教應成派中觀見者宗喀巴、釋印順的六識論邪見所致。由於初始發足時之知見與方向即已走偏，是故越走越偏離正確方向；欲冀羅漢道或佛菩提道上有所實證，無異於緣木求魚，亦無異於入火而欲求清涼。

如今仍有一派人，不信四阿含諸經是五百結集時即已一次具足；亦無視於二乘聖凡第一結集所成的四阿含諸經中，處處都存有「顯示大乘與小乘並弘、菩薩與聲聞同時存在」……等史實記錄；心中不欲面對之，效法鴕鳥埋首於沙中而逃避不見，效法無智者掩耳盜鈴之愚行，冀望以此邪行而作佛法研究，冀能實證解脫及佛菩提智；更造書文而流通之，意欲誤導廣大學人同信應成派中觀之六識論邪見，同入邪道而捨正道，則將永遠與佛法實證無緣，卻又自以爲於佛法中已曾實證、已經證道，皆是可憐憫者。

如今呂凱文先生取阿含所載童女迦葉菩薩爲例，恣意加以曲解之行爲，實欲證成迦葉並非菩薩，亦非童女身分；特將童女二字作姓氏解，違背佛教歷史事實及關於童女名詞約定俗成之意涵。其所援引二乘人所造《分別功德論》中所說道理，亦違背最正確、最古的漢傳四阿含諸經所載佛教歷史事實。然而大乘佛教出現於 佛陀在世時之史實，今時知之者甚少；佛門四眾被近代日本一分「大乘非佛說」之謬論迷惑已久，如今實應將二者所說違背漢傳《阿含經》之處，加以考證；然後則將南傳阿含—尼柯耶—結集時間加以考證，檢查其可信度。如是考證清楚之後，始能證明該佛教研究學者之立論是否正確？實不應以先入為主之立場而妄作論定，因此而有此篇考證文章之寫作緣起。

## 第二章　本事分及《分別功德論》出現在中國的事相

呂凱文先生藉考證之表相，如是主張：童女迦葉爲聲聞人而非菩薩，終生實行童女行之迦葉身分並非童女而是比丘，經文中之童女二字爲姓氏而非性別身分之用語。其論文中所說之原文如下：

【北傳漢譯的《分別功德論》卷五記載「拘摩羅迦葉」的故事，提到「鳩摩羅迦葉」乃是處女（未出門女、童女）所生，才被稱爲「童女迦葉」。就此而言，部份學者將長阿含《弊宿經》的「童女迦葉」理解爲一個「具佛法正見之孩童」的說法，顯然有著理解上的出入。換言之，在《弊宿經》裡的「童女迦葉」未必是個孩童，「童女」顯然是指這位具有辯論天賦之迦葉尊者的母親，意即處女。處女（童女）所生的迦葉即被名爲「童女迦葉」。】

呂先生又說：

【引文如下：《分別功德論》卷五「所以稱拘摩羅迦葉能雜種論者。此比丘常爲人敷演四諦，時兼有讚頌引譬況。喻一諦一偈讚引一喻，乃至四諦亦皆如是，故稱雜論第一也。拘摩羅者童也。迦葉者姓也，拘摩羅迦葉即是童女子。何以知其然？昔有長者，名曰善施，居富無量，家有未出門女，在家向火，暖氣入身遂便有軀。父母驚怪詰其由狀，其女實對不知所以爾。父母重問，加諸杖楚，其辭不改，遂上聞王。王復詰責，辭亦不異，許之以死。女即稱怨曰：天下乃當有無道之王，枉殺無辜，我若不良自可保試，見枉如是。王即撿程如女所言，無他增減。王即語其父母，我欲取之。父母對曰，隨意取之，用此死女爲？王即內之宮裏，隨時瞻養，日月遂滿產得一男，端正姝妙。年遂長大，出家學道，聰明博達，精進不久，得羅漢道，還度父母。時有國王，名曰波紲，信邪倒見，不知今世後世作善得福爲惡受殃，謂死神滅不復受生。不信有佛，不識涅槃，以鐵鍱腹畏智溢出，誇王獨步自謂無比。時童迦葉往至其門，王見迦葉被服異常，行步庠序威儀整齊，王即與論議。王問道人，道人言：作善有福爲惡受殃。王言：今我宗家有一人，爲善至純，臨欲死時，我與諸人共至其邊。語其人言：如君所行，死應生天，若上天者來還語我。死來于久不來告我，我是以知：作善無福耳。道人答王曰：夫智者以譬喻自解。譬如有一人，墮百斛圊廁（編案：《大正藏》中爲「廁」字，是「廁」字之異體字，其義相同，今以現代字取代。以下文章皆以此原則來編輯，故不再作說明）中，有人挽出，洗浴訖著好衣服，以香熏身坐於高床。有人語此人曰：還入廁中去爾。此人肯入，以不？王曰：不肯。道人曰：生天者其喻如是。天上快樂五欲自恣，以甘露爲食，食自消化無便利患，身體香潔，口氣苾芬。下觀世間猶豬處溷，正使欲來聞臭即還。以是言之，何由得相告耶？如是比譬喻數十條事，王意開解，信向三尊，以是因緣故，童迦葉能雜種論爲第一也。」】（《大正藏》冊25，《分別功德論》卷5，頁50，中12～下18。）

由於有呂先生的這一篇論文所說不符佛教史實，不免引生不同見解而有了此篇考證文章的寫作，於是必須針對呂先生的立論，加以探討。但因呂先生所引根據爲《分別功德論》，則此論是否僞、訛，即有探討之必要性（關於呂文中所說本識存有或實無的法義，究竟應爲存有或實無，學者若欲知者，請詳拙著《阿含正義》之論述，以及針對《阿含經》原文的舉證。此一命題，亦已在《正覺學報》創刊號的二篇論文中作了詳細的論述。此一部分法義，因與本文無關，於此不作論述）：

一、《分別功德論》是何人所譯？中土文獻中至今未能證明，成爲「失譯人名」之狀況。據隋朝沙門法經等人所撰之《眾經目錄》卷五如是載明：【眾事分阿毘曇十二卷，甘露味阿毘曇二卷，三彌底論四卷，分別功德論三卷，辟支佛因緣論一卷。右五論並是眾論，失譯。】（《大正藏》冊55，《眾經目錄》卷5，頁142，下2～7。）這已證明當時無人承認是翻譯者，也有可能是中土人氏所造而僞託爲翻譯之論，故其論文是否可靠？仍待考證。

二、《分別功德論》是小乘人所造之論，唐朝時已經出現此論。根據《大唐內典錄》卷七：【分別功德論（四卷或五卷，七十三紙，失譯）】（《大正藏》冊55，《大唐內典錄》卷7，頁301，中1。）

三、《大唐內典錄》卷八：

鞞婆沙阿毘曇論（十四卷二帙），眾事分阿毘曇（十二卷一帙），雜阿毘曇心論（十一卷一帙），立世阿毘曇論（十卷一帙），尊婆須蜜所集論（十卷一帙），法勝阿毘曇心論（六卷），阿毘曇心論（四卷，上二論同帙），分別功德論（四卷），四諦論，三彌底論（三卷，上三論同帙），甘露味阿毘曇（二卷），辟支佛因緣論（二卷），俱舍論頌本（二卷），入阿毘達磨頌（二卷），三法度論（二卷），隨相論，十八部論，部異執論，明了論（上九論同帙）。右小乘論九帙，內右間，從上第六隔。（《大正藏》冊55，《大唐內典錄》卷8，頁311，下26－頁312，上19。）

四、《分別功德論》究竟是何人所造？出於何時？是否存有梵本？仍待考證。此論於隋朝時尚未見有譯本，只有論名。據隋朝沙門法經等人所撰之《眾經目錄》卷五中記載：【眾論失譯（三）合五部二十二卷：眾事分阿毘曇十二卷，甘露味阿毘曇二卷，三彌底論四卷，分別功德論三卷，辟支佛因緣論一卷。右五論並是眾論，失譯。】（《大正藏》冊55，《眾經目錄》卷5，頁142，下1～7。）可證中國此時尚無《分別功德論》之譯本。

五、隋朝「開皇十七年翻經學士臣費長房 上」之《歷代三寶紀》卷十四，記載有此論名：【小乘阿毘曇失譯，錄第六（十部二十七卷），眾事分阿毘曇（十二卷），三彌底論（四卷），甘露味阿毘曇（二卷），分別功德論（三卷），辟支佛因緣論（一卷），六足阿毘曇（一卷），十六無漏心解（一卷），十報法三統略（一卷），斷十二因緣解（一卷），旨解（一卷）。】（《大正藏》冊49，《歷代三寶紀》卷14，頁120，上8～13。）雖於目錄中載有此論之名，但仍無此論之文本收入。故《分別功德論》之入藏時間是在唐朝之時，並非此前已有。

六、唐玄宗開元年間所出之《開元釋教錄》卷一載：

大方便佛報恩經七卷，摩訶衍寶嚴經一卷（一名大迦葉品第二出與寶積普明菩薩會等，同本中云，晉言合編。晉錄今且依舊，祐云摩訶乘寶嚴經）。後出阿彌陀佛偈經一卷（或無經字第二出），未曾有經一卷（初出與唐譯甚希有經等同本），作佛形像經一卷（一名優塡王作佛形像經，一名作像因緣經與造立形像福報經同本），安宅神咒經一卷（亦云安宅咒法經，祐云安宅咒），受十善戒經一卷，苦陰經一卷（出中阿含經第二十五卷異譯），魔嬈亂經一卷（一名弊魔試目蓮經，一名魔王入目連蘭腹經，出中阿含經第三十卷異譯），沙彌尼戒經一卷（或無經字），優波離問佛經一卷（或云優波離律），分別功德論四卷（或云分別功德經或三卷或五卷），禪要呵欲經一卷（題云禪要經呵欲品），內身觀章句經一卷（或無句字），雜譬喻經二卷（一名菩薩度人經），六菩薩名經一卷（房入藏云：六菩薩名亦當誦持），已上存。已下闕般舟三昧念佛章經一卷（是行品別翻第四出）。（《大正藏》冊５５，《開元釋教錄》卷１，頁４８３，中２８～下１７。）仍未見譯本。

七、至唐朝時的《大唐內典錄》卷七云：【分別功德論（四卷或五卷，七十三紙，失譯），三彌底論（三卷、三十五紙），入阿毘達摩（二卷，二十紙），唐顯慶年玄奘於宮中譯】（《大正藏》冊５５，《大唐內典錄》卷７，頁３０１，中１-４。）仍然無譯本，只有論名列在《大唐內典錄》中。證明唐朝當時尚無此論之譯本。

八、到了《大唐內典錄》卷八的記載開始有了轉變：【今約已譯舊經，具如別顯。餘有玉華後翻，未覩新本。續出續附，自依餘錄。】（《大正藏》冊55，《大唐內典錄》卷8，頁302，下19～21。）即是依續出、續附之新本而收入內典中：【鞞婆沙阿毘曇論（十四卷二帙），眾事分阿毘曇（十二卷一帙），雜阿毘曇心論（十一卷一帙），立世阿毘曇論（十卷一帙），尊婆須蜜所集論（十卷一帙），法勝阿毘曇心論（六卷），阿毘曇心論（四卷，上二論同帙），分別功德論（四卷），四諦論，三彌底論（三卷，上三論同帙），甘露味阿毘曇（二卷），辟支佛因緣論（二卷），俱舍論頌本（二卷），入阿毘達磨頌（二卷），三法度論（二卷），隨相論，十八部論，部異執論，明了論（上九論同帙）。右小乘論九帙，內右間，從上第六隔。】（《大正藏》冊55，《大唐內典錄》卷8，頁311，下26～頁312，上19。）由此時開始，《分別功德論》的「譯本」終於出現了，但這已是唐朝時的事情。

九、又據唐朝新出《分別功德論》卷五之跋文所載：【按此論丹藏為三卷，開元錄云四卷。而注云或三卷或五卷者，但分卷有異耳，文無增減焉。錄有注，敘云：「右此一論，釋增一阿含經義。從初序品至弟子品過半，釋王比丘即止。」法上錄云：「竺法護譯者不然，此中牒經，解釋文句並同本經，似與增一阿含同一人譯。」而餘錄並云失譯，且依此定。僧祐錄云「迦葉、阿難撰」者，此亦不然；如論第一卷中，引外國師及薩婆多說，故知非是二尊所撰。】（《大正藏》冊２５，《分別功德論》卷５，頁５２，下１５～２４。）故《分別功德論》卷五起首即云：「失譯人名，附後漢錄」（《大正藏》冊２５，《分別功德論》卷５，頁４７，上１９。）而此論雖說是大迦葉與阿難所撰，然於卷一之中卻引用後代的外國論師及薩婆多部的說法作爲證明，顯然是假名大迦葉、阿難所著，其實已是部派佛教後所編造的論了；這也是欲蓋彌彰的愚行，不足爲訓。雖今藏經中所錄者被稱爲後漢所譯之本子，但究竟是何時由誰所譯？仍不能知；是否爲中國古人所僞造，則猶待考證。

呂先生在論文中雖曾如是說：

【至於小部《本生經》（Jātaka）記載鳩摩迦葉母親的故事。經中提到鳩摩迦葉的母親乃是王舍城大富豪之女，她想出家修道卻未獲父母首肯，直到嫁爲人妻，才獲得丈夫的同意而出家，那時她不知道自己已懷孕在身。但是出家有孕，總難免成爲當時批評佛教者的口實與譏嫌，也造成這位準媽媽比丘尼差點被擯出佛教僧團的困擾，這個出家妊娠的尷尬案例，或許也是促使佛制「學法女」制度的理由之一吧！後來這個故事有個好結局，她所生之子由國王領養，並且被命名爲鳩摩迦葉，其後出家受具足戒，在某次聽聞《蟻塚經》而達到阿羅漢果位。】

但《分別功德論》出現在中國的時間極早，而小部《本生經》的出現時間爲何？以及是否受到《分別功德論》的影響而創作出來的？此二點仍有疑義，猶待後人考證，是否足以作爲引證之用？仍有疑義。復次，此論在古天竺是否確曾存在，亦猶待後人考證。但《分別功德論》中不曾言及「童女」二字爲姓氏，並言「迦葉」二字方是姓氏；故論中所說，大部分皆與呂先生此文所欲考證「童女」是否爲姓氏之主題無關；故以上考證只是列作背景參考之用，無關「童女」二字之辨正，亦不涉及童女迦葉是否爲菩薩之身分。至於與《分別功德論》中「童女」二字有關之文，容於後面另作考證。

十、《分別功德論》疑爲中國古人所編造者，亦是誤以二乘法作大乘法者，有論中文字爲證，譬如：

《分別功德論》卷二所載：

其人云：「此經本有百事，阿難囑優多羅，增一阿鋡出。經後十二年，阿難便般涅槃；時諸比丘各習坐禪，不復誦習，云：『佛有三業，坐禪第一。』遂各廢諷誦。經十二年，優多羅比丘復般涅槃。」由是此經失九十事，外國法，師徒相傳，以口授相付，不聽載文；時所傳者，盡十一事而已。自爾相承，正有今現文耳。（《大正藏》冊25，《分別功德論》卷2，頁34，上23～中1。）

亦如《分別功德論》卷二所云：

【時優多羅弟子名善覺，從師受誦增一，正得十一事，優多羅便般涅槃。外國今現三藏者，盡善覺所傳，師徒相授，于今不替。】（《大正藏》冊25，《分別功德論》卷2，頁34，中5～8。）

「外國法，師徒相傳，以口授相付」，是中國弘法者所不喜見者；今論中自言「以口授相付」者爲外國，宜解爲中國人之語意，指稱口授相付之外國爲古天竺也，何以故？謂古天竺諸國口授相付者爲平常事故；果眞由古天竺祖師所著者，斷然不會自稱己國爲外國故。由以上所舉論中文字明言記載之證據，較宜判定該論爲中國古人所造；雖以翻譯之表相流傳於中國，稱言此論是從天竺翻譯而得者；但據論中如是二段文字，以及僧祐託言「大迦葉、阿難撰」者不符事實，又未能證實古天竺已有此論，而論中所說錯謬之處極多，不符經教，仍以判爲中國古代聲聞法中之凡夫僧所造爲宜。此論若非天竺本有之論，故造論者不能坦言此論爲從天竺梵本翻譯而來者，亦不敢自己承認爲翻譯之人，只能以「失譯人名」交代。若造論者當時自承爲翻譯之人，則眾人必向其索求梵本比對，求證其爲眞實、抑或自造。造論者既向外宣稱此論是翻譯所得者，並非自己所造；當時亦無法提出梵本，則唯有聲言並非自己所譯，只能以「失譯人名」方式，避開提示梵本證明之責任。復次，翻譯經論者一向有一極嚴謹之規矩，不可違犯，即是造論者之姓名絕對不可漏失；而今現見此論非唯「失譯人名」，又無造論者姓氏名稱；並且在論文中又有如上二段敗闕文字不愼寫於其中，稱言論中所言諸事所在國度之天竺爲外國，則將此論判斷爲中國古人所著而託爲譯作，應無疑義。

又論中所說法義多屬聲聞法，雖偶有提及六度、大乘僧等名，都無大乘法義之舉例。凡有法義舉例者，率皆聲聞法中觀行之法，而無大乘觀行及所證內容等法；所說諸法類同十餘年前海峽兩岸大乘法中所說之法，同屬自稱大乘而所弘、所修者皆屬小乘法之局面，並無二致。由此佐證此論之寫作者爲古時中國在大乘法中修習聲聞法者，證非古天竺之佛門大乘賢聖所造也。

又此論中所說者，錯誤之處不少；但最嚴重錯誤者，莫如無知於佛境，竟不知佛爲福慧兩足尊，妄言佛陀尚有種種過失而必須常常向眾僧懺悔者，藉以崇隆聲聞僧寶，其爲聲聞凡夫僧所造者殆無可疑，則其不欲見童女迦葉爲菩薩之心態，不思可知也。例如《分別功德論》卷三云：【如來雖復成正覺，常還向眾僧懺悔者，以僧地厚重；三世諸佛、緣覺、弟子，無不由僧而得滅度。】（《大正藏》冊25，《分別功德論》卷3，頁38，中5～7。）造論者爲欲崇隆聲聞僧寶之尊貴，而於論中如是貶抑佛寶，顯然是無知於佛寶義涵之聲聞凡夫僧也；尚非初果人，何況能是四果人。如是造論者，可謂為實證三乘菩提之聖者耶？實屬未斷我見之聲聞凡夫僧所言者也！是故論中錯誤之處極多，可謂勢在必然也！如斯凡夫聲聞僧之所造論著，何有足以引作眞理之考證依據？但凡有智之人，於論中所說諸言，於平實以上略作考證之論，豈可無智思辨其眞僞耶？

## 第三章　童女迦葉之經中原文比對《分別功德論》原文

復次，呂先生所引中國小乘聲聞人所造之《分別功德論》卷五所載，確屬抄襲自《佛說長阿含經》卷七中的《弊宿經》童女迦葉之史實，再加以變造者。先舉《長阿含經》中的原文如下：

【爾時童女迦葉，與五百比丘遊行拘薩羅國，漸詣斯波醯婆羅門村。時童女迦葉，在斯波醯村北尸舍婆林止。時有婆羅門名曰弊宿，止斯波醯村。此村豐樂，民人眾多，樹木繁茂。波斯匿王別封此村與婆羅門弊宿，以為梵分。弊宿婆羅門常懷異見，為人說言：「無有他世，亦無更生，無善惡報。」

時斯波醯村人，聞童女迦葉與五百比丘，從拘薩羅國漸至此尸舍婆林，自相謂言：「此童女迦葉，有大名聞，已得羅漢；耆舊長宿，多聞廣博，聰明叡智，辯才應機，善於談論。今得見者，不亦善哉。」時彼村人日日次第往詣迦葉。

爾時弊宿，在高樓上，見其村人隊隊相隨，不知所趣；即問左右持蓋者言：「彼人何故群隊相隨？」侍者答曰：「我聞童女迦葉，將五百比丘，遊拘薩羅國，至尸舍婆林。又聞其人有大名稱，已得羅漢；耆舊長宿，多聞廣博，聰明叡智。辯才應機，善於談論。彼諸人等，群隊相隨，欲詣迦葉共相見耳。」

時弊宿婆羅門即敕（編案：《大正藏》中為「勅」字，是「敕」字之異體字，其義相同，今以現代字取代。以下文章皆以此原則來編輯，故不再作說明。）侍者：「汝速往語：『諸人且住，當共俱行，往與相見。所以者何？彼人愚惑，欺誑世間，說有他世，言有更生，言有善惡報。而實無他世，亦無更生，無善惡報。』」時使者受教已，即往語彼斯婆醯村人言：「婆羅門語：汝等且住，當共俱詣，往與相見。」村人答曰：「善哉！善哉！若能來者，當共俱行。」使還尋白：「彼人已住，可行者行。」

時婆羅門即下高樓，敕侍者嚴駕，與彼村人前後圍遶，詣舍婆林，到已下車步進，詣迦葉所。問訊訖，一面坐。其彼村人、婆羅門、居士，有禮拜迦葉然後坐者，有問訊已而坐者，有自稱名已而坐者，有叉手已而坐者，有默而坐者。

時弊宿婆羅門語童女迦葉言：「今我欲有所問，寧有閑暇？見聽許不？」迦葉報曰：「隨汝所問，聞已當知。」婆羅門言：「今我論者：無有他世，亦無更生，無罪福報，汝論云何？」

迦葉答曰：「我今問汝，隨汝意答。今上日月，爲此世耶？爲他世耶？爲人爲天耶？」婆羅門答曰：「日月是他世，非此世也。是天非人。」迦葉答曰：「以此可知：必有他世，亦有更生，有善惡報。」

婆羅門言：「汝雖云有他世，有更生及善惡報；如我意者皆悉無有。」迦葉問曰：「頗有因緣可知無有他世？無有更生？無善惡報耶？」婆羅門答曰：「有緣。」迦葉問曰：「以何因緣言無他世？」

婆羅門言：「迦葉！我有親族知識，遇患困病。我往問言：『諸沙門、婆羅門各懷異見，言諸有殺生、盜竊、邪婬、兩舌、惡口、妄言、綺語、貪取、嫉妒、邪見者，身壞命終皆入地獄。我初不信。所以然者：初未曾見死已來還，說所墮處。若有人來説所墮處，我必信受。汝今是我所親，十惡亦備，若如沙門語者，汝死必入大地獄中；今我相信，從汝取定：若審有地獄者，汝當還來，語我使知，然後當信。』迦葉！彼命終已，至今不來。彼是我親，不應欺我。許而不來，必無後世。」

迦葉報曰：「諸有智者，以譬喻得解。今當爲汝引喻解之：譬如盜賊，常懷奸詐，犯王禁法。伺察所得，將詣王所，白言：『此人爲賊，願王治之。』王即敕左右，收繫其人，遍令街巷；然後載之出城，付刑人者。時左右人即將彼賊付刑人者。彼賊以柔軟言，語守衛者：『汝可放我見諸親里，言語辭別，然後當還。』云何婆羅門？彼守衛者寧肯放不？」婆羅門答曰：「不可。」迦葉又言：「彼同人類，俱存現世而猶不放。況汝所親，十惡備足，身死命終，必入地獄？獄鬼無慈，又非其類，死生異世。彼若以軟言求於獄鬼：『汝暫放我，還到世間，見親族言語辭別，然後當還。』寧得放不？」婆羅門答曰：「不可。」迦葉又言：「以此相方，自足可知。何爲守迷？自生邪見耶？」

婆羅門言：「汝雖引喻，謂有他世；我猶言無。」迦葉復言：「汝頗更有餘緣，可知無他世耶？」婆羅門報言：「我更有餘緣，知無他世。」迦葉問曰：「以何緣知？」答曰：「迦葉！我有親族，遇患篤重。我往語言：『諸沙門、婆羅門各懷異見，說有他世。言不殺、不盜、不婬、不欺、不兩舌惡口妄言綺語貪取嫉妒邪見者，身壞命終，皆生天上。我初不信。所以然者，初未曾見死已來還，說所墮處；若有人來說所墮生，我必信耳。今汝是我所親，十善亦備，若如沙門語者，汝今命終，必生天上。今我相信，從汝取定：若審有天報者，汝當必來語我使知，然後當信。』迦葉！彼命終已，至今不來；彼是我親，不應欺我；許而不來，必無他世。」

迦葉又言：「諸有智者，以譬喻得解。我今當復爲汝說喻：譬如有人墮於深廁，身首沒溺；王敕左右，挽此人出；以竹爲篦，三刮其身；澡豆淨灰，次如洗之；後以香湯沐浴其體，細末眾香坌其身上；敕除髮師，淨其鬚髮；又敕左右，重將洗沐，如是至三。洗以香湯，坌以香末，名衣上服莊嚴其身，百味甘膳以恣其口，將詣高堂，五欲娛樂；其人復能還入廁不？」答曰：「不能，彼處臭惡，何可還入？」迦葉言：「諸天亦爾，此閻浮利地，臭穢不淨；諸天在上，去此百由旬，遙聞人臭，甚於廁溷。婆羅門！汝親族知識，十善具足，然必生天，五欲自娛，快樂無極；寧當復肯還來入此閻浮廁不？」答曰：「不也。」迦葉又言：「以此相方，自具可知。何爲守迷？自生邪見？」

婆羅門言：「汝雖引喻，言有他世；我猶言無。」迦葉復言：「汝頗更有餘緣，可知無他世耶？」婆羅門報言：「我更有餘緣，知無他世。」迦葉問曰：「以何緣知？」答曰：「迦葉！我有親族，遇患篤重，我往語言：『沙門、婆羅門各懷異見，說有後世。言不殺、不盜、不婬、不欺、不飲酒者，身壞命終，皆生忉利天上，我亦不信。所以然者，初未曾見死已來還，說所墮處。若有人來說所墮生，我必信耳。今汝是我所親，五戒具足，身壞命終，必生忉利天上。今我相信，從汝取定：若審有天福者，汝當還來，語我使知，然後當信。』迦葉！彼命終已，至今不來；彼是我親，不應有欺。許而不來，必無他世。」

迦葉答言：「此間百歲，正當忉利天上一日一夜耳。如是亦三十日爲一月，十二月爲一歲，如是彼天壽千歲。云何婆羅門？汝親族五戒具足，身壞命終，必生忉利天上；彼生天已，作是念言：『我初生此，當二三日中娛樂遊戲。』然後來下報汝言者，寧得見不？」答曰：「不也，我死久矣，何由相見？」婆羅門言：「我不信也，誰來告汝有忉利天壽命如是？」

迦葉言：「諸有智者，以譬喻得解。我今更當爲汝引喻：譬如有人從生而盲，不識五色青黃赤白粗細長短，亦不見日月星象丘陵溝壑。有人問言：『青黃赤白五色云何？』盲人答曰：『無有五色。』如是粗細長短、日月星象、山陵溝壑，皆言無有。云何婆羅門？彼盲人言，是正答不？」答曰：「不也，所以者何？世間現有五色青黃赤白粗細長短、日月星象山陵溝壑，而彼言無。」「婆羅門！汝亦如是。忉利天壽實有不虛，汝自不見，便言其無。」

婆羅門言：「汝雖言有，我猶不信。」迦葉又言：「汝復作何緣而知其無？」答曰：「迦葉！我所封村人，有作賊者。伺察所得，將詣我所，語我言：『此人爲賊，唯願治之。』我答言：『收縛此人，著大釜中。韋蓋厚泥，使其牢密，勿令有泄。遣人圍遶，以火煮之。』我時欲觀知其精神所出之處，將諸侍從遶釜而觀，都不見其神去來處。又發釜看，亦不見神有往來之處。以此緣故知無他世。」

迦葉又言：「我今問汝，若能答者隨意報之。婆羅門！汝在高樓，息寢臥時，頗曾夢見山林江河、園觀浴池、國邑街巷不？」答曰：「夢見。」又問：「婆羅門！汝當夢時，居家眷屬侍衛汝不？」答曰：「侍衛。」又問：「婆羅門！汝諸眷屬，見汝識神有出入不？」答曰：「不見。」迦葉又言：「汝今生存，識神出入尚不可見，況於死者乎？汝不可以目前現事，觀於眾生。婆羅門！有比丘，初夜後夜捐除睡眠，精勤不懈，專念道品。以三昧力修淨天眼，以天眼力，觀於眾生死此生彼，從彼生此；壽命長短，顏色好醜；隨行受報善惡之趣，皆悉知見。汝不可以穢濁肉眼，不能徹見眾生所趣，便言無也。婆羅門！以此可知：必有他世。」

婆羅門言：「汝雖引喻，說有他世；知我所見，猶無有也。」迦葉又言：「汝頗更有因緣，知無他世耶？」婆羅門言：「有。」迦葉言：「以何緣知？」婆羅門言：「我所封村人，有作賊者。伺察所得，將詣我所，語我言：『此人爲賊，唯願治之。』我敕左右收縛此人，生剝其皮，求其識神，而都不見。又敕左右臠割其肉，以求識神，又復不見。又敕左右截其筋脈，骨間求神，又復不見。又敕左右打骨出髓，髓中求神，又復不見。迦葉！我以此緣，知無他世。」迦葉復言：「諸有智者，以譬喻得解。我今復當爲汝引喻：乃往過去久遠世時，有一國壞，荒毀未復。時有商賈五百乘車經過其土；有一梵志奉事火神，常止一林；時諸商人皆往投宿，清旦別去。時事火梵志作是念言：『向諸商人宿此林中，今者已去。儻有遺漏，可試往看。』尋詣彼所，都無所見，唯有一小兒，始年一歲，獨在彼坐。梵志復念：『我今何忍見此小兒於我前死？今者寧可將此小兒至吾所止，養活之耶。』即抱小兒往所住處而養育之。其兒轉大，至十餘歲。時此梵志以少因緣，欲遊人間，語小兒曰：『我有少緣，欲暫出行。汝善守護此火，愼勿使滅；若火滅者，當以鑽鑽木，取火燃之。』具誡敕已，出林遊行。梵志去後，小兒貪戲，不數視火，火遂便滅。小兒戲還，見火已滅，懊惱而言：『我所爲非，我父去時，具約敕我：守護此火，愼勿令滅。而我貪戲，致使火滅，當如之何？』彼時小兒吹灰求火，不能得已。便以斧劈薪求火，復不能得。又復斬薪，置於臼中，搗以求火，又不能得。爾時梵志於人間還，詣彼林所，問小兒曰：『吾先敕汝，使守護火，火不滅耶？』小兒對曰：『我向出戲，不時護視，火今已滅。』復問小兒：『汝以何方便，更求火耶？』小兒報曰：『火出於木，我以斧破木求火，不得火。復斬之令碎，置於臼中，杵搗求火，復不能得。』時彼梵志以鑽鑽木出火，積薪而燃，告小兒曰：『夫欲求火，法應如此，不應破析杵碎而求。』婆羅門！汝亦如是無有方便，皮剝死人而求識神。汝不可以目前現事觀於眾生。婆羅門！有比丘，初夜後夜捐除睡眠，精勤不懈，專念道品。以三昧力修淨天眼，以天眼力，觀於眾生死此生彼，從彼生此；壽命長短，顏色好醜；隨行受報善惡之趣，皆悉知見。汝不可以穢濁肉眼，不能徹見眾生所趣，便言無也。婆羅門！以此可知：必有他世。」

婆羅門言：「汝雖引喻，說有他世；如我所見，猶無有也。」迦葉復言：「汝頗更有因緣，知無他世耶？」婆羅門言：「有。」迦葉言：「以何緣知？」婆羅門言：「我所封村人，有作賊者。伺察所得，將詣我所，語我言：『此人為賊，唯願治之。』我敕左右，將此人以秤秤之。侍者受命，即以秤秤。又告侍者：『汝將此人安徐殺之，勿損皮肉。』即受我教殺之無損。我復敕左右，更重秤之，乃重於本。迦葉！生秤彼人，識神猶在，顏色悅豫，猶能言語，其身乃輕。死已重秤，識神已滅，無有顏色，不能語言，其身更重。我以此緣，知無他世。」迦葉語婆羅門：「吾今問汝，隨意答我。如人秤鐵，先冷秤已，然後熱秤。何有光色柔軟而輕？何無光色堅韌而重？」婆羅門言：「熱鐵有色，柔軟而輕。冷鐵無色，剛強而重。」迦葉語言：「人亦如是，生有顏色，柔軟而輕。死無顏色，剛強而重。以此可知，必有他世。」

婆羅門言：「汝雖引喻，說有他世；如我所見，必無有也。」迦葉言：「汝復有何緣知無他世？」婆羅門答言：「我有親族遇患篤重。時我到彼語言：『扶此病人，令右脅臥。』視瞻屈伸，言語如常。又使左臥，反覆宛轉，屈伸視瞻，言語如常；尋即命終，吾復使人扶轉，左臥右臥，反覆諦觀，不復屈伸視瞻言語。吾以是知必無他世。」迦葉復言：「諸有智者，以譬喻得解。今當爲汝引喻：昔有一國不聞貝聲。時有一人善能吹貝，往到彼國，入一村中，執貝三吹，然後置地。時村人男女聞聲驚動，皆就往問：『此是何聲？哀和清徹乃如是耶。』彼人指貝曰：『此物聲也。』時彼村人以手觸貝曰：『汝可作聲！汝可作聲！』貝都不鳴。其主即取貝三吹置地。時村人言：『向者美聲，非是貝力。有手有口，有氣吹之，然後乃鳴。』人亦如是，有壽有識，有息出入，則能屈伸視瞻語言；無壽無識，無出入息，則無屈伸視瞻語言。」又語婆羅門：「汝今宜捨此惡邪見，勿爲長夜自增苦惱。」

婆羅門言：「我不能捨。所以然者：我自生來，長夜諷誦，翫習堅固；何可捨耶？」迦葉復言：「諸有智者，以譬喻得解。我今當更爲汝引喻：乃往久遠，有一國土。其土邊疆，人民荒壞。彼國有二人，一智一愚；自相謂言：『我是汝親，共汝出城，採侶求財。』即尋相隨，詣一空聚，見地有麻。即語愚者：『共取持歸。』時彼二人各取一擔。復過前村，見有麻縷；其一智者言：『麻縷成功，輕細可取。』其一人言：『我已取麻繫縛牢固，不能捨也。』其一智者即取麻縷，重擔而去。復共前進，見有麻布，其一智者言：『麻布成功，輕細可取。』彼一人言：『我已取麻，繫縛牢固，不能復捨。』其一智者即捨麻縷，取布自重。復共前行，見有劫貝，其一智者言：『劫貝價貴，輕細可取。』彼一人言：『我已取麻，繫縛牢固；齎來道遠，不能捨也。』時一智者即捨麻布，而取劫貝。如是前行，見劫貝縷，次見白疊，次見白銅，次見白銀，次見黃金。其一智者言：『若無金者，當取白銀。若無白銀，當取白銅乃至麻縷；若無麻縷，當取麻耳。今者此村大有黃金，集寶之上。汝宜捨麻，我當捨銀，共取黃金，自重而歸。』彼一人言：『我取此麻，繫縛牢固，齎來道遠，不能捨也。汝欲取者，自隨汝意。』其一智者捨銀取金，重擔而歸其家。親族遙見彼人大得金寶，歡喜奉迎；時得金者，見親族迎，復大歡喜。其無智人，負麻而歸居家，親族見之不悅，亦不起迎，其負麻者倍增憂愧。婆羅門！汝今宜捨惡習邪見，勿爲長夜自增苦惱；如負麻人，執意堅固，不取金寶，負麻而歸；空自疲勞，親族不悅；長夜貧窮，自增憂苦也。」

婆羅門言：「我終不能捨此見也，所以者何？我以此見，多所教授，多所饒益，四方諸王皆聞我名，亦盡知我是斷滅學者。」

迦葉復言：「諸有智者，以譬喻得解。我今當更爲汝引喻：乃往久遠，有一國土，其土邊疆，人民荒壞。時有商人，有千乘車，經過其土，水穀薪草不自供足。時商主念言：『我等伴多，水穀薪草不自供足，今者寧可分爲二分，其一分者於前發引。』其前發導師，見有一人身體粗大，目赤面黑，泥塗其身。遙見遠來，即問：『汝從何來？』報言：『我從前村來。』又問彼言：『汝所來處，多有水穀薪草不耶？』其人報言：『我所來處，豐有水穀，薪草無乏。我於中路，逢天暴雨，其處多水，亦豐薪草。』又語商主：『汝曹車上，若有穀草，盡可捐棄。彼自豐有，不須重車。』時彼商主語眾商言：『吾向前行，見有一人，目赤面黑，泥塗其身。我遙問言：汝從何來？即答我言：我從前村來。我尋復問：汝所來處豐有水穀薪草不也？答我言：彼大豐耳。又語我言：向於中路，逢天暴雨，此處多水，又豐薪草。復語我言：君等車上，若有穀草，盡可捐棄。彼自豐有，不須重車。汝等宜各棄諸穀草，輕車速進。』即如其言，各共捐棄穀草，輕車速進。如是一日不見水草，二日三日乃至七日，又復不見。時商人窮於曠澤，爲鬼所食。其後一部，次復進路；商主時前，復見一人，目赤面黑，泥塗其身。遙見問言：『汝從何來？』彼人答言：『從前村來。』又問：『汝所來處，豐有水穀薪草不耶？』彼人答曰：『大豐有耳。』又語商主：『吾於中路，逢天暴雨，其處多水，亦豐薪草。』又語商主：『君等車上，若有穀草，便可捐棄。彼自豐有，不須重車。』時商主還語諸商人言：『吾向前行，見有一人道如此事：君等車上，若有穀草，可盡捐棄。彼自豐有，不須重車。』時商主言：『汝等穀草，愼勿捐棄，須得新者，然後當棄。所以者何？新陳相接，然後當得度此曠野。』時彼商人，重車而行。如是一日不見水草，二日三日至于七日，又亦不見。但見前人爲鬼所食，骸骨狼藉。婆羅門！彼赤眼黑面者，是羅剎鬼也。諸有隨汝教者，長夜受苦，亦當如彼。前部商人無智慧故，隨導師語，自沒其身。婆羅門！諸有沙門、婆羅門，精進智慧有所言說，承用其教者，則長夜獲安；如彼後部商人，有智慧故，得免危難。婆羅門！汝今寧可捨此惡見，勿爲長夜自增苦惱。」

婆羅門言：「我終不能捨所見也。設有人來強諫我者，生我忿耳，終不捨見。」迦葉又言：「諸有智者，以譬喻得解。我今當復爲汝引喻：乃昔久遠有一國土，其土邊疆，人民荒壞。時有一人，好喜養豬。詣他空村，見有乾糞，尋自念言：『此處饒糞，我豬豚飢，今當取草，裹此乾糞，頭戴而歸。』即尋取草裹糞而戴。於其中路，逢天大雨，糞汁流下至于足跟。衆人見已，皆言：『狂人！糞除臭處，正使天晴，尚不應戴，況於雨中戴之而行？』其人方怒逆罵詈言：『汝等自癡，不知我家豬豚飢餓。汝若知者，不言我癡。』婆羅門！汝今寧可捨此惡見，勿守迷惑，長夜受苦。如彼癡子戴糞而行；衆人訶諫，逆更瞋罵，謂他不知。」

婆羅門語迦葉言：「汝等若謂行善生天，死勝生者；汝等則當以刀自刎，飲毒而死；或五縛其身，自投高岸。而今貪生，不能自殺者，則知死不勝生。」迦葉復言：「諸有智者，以譬喻得解。我今當更爲汝引喻：昔者此斯波醯村，有一梵志，耆舊長宿，年百二十。彼有二妻：一先有子，一始有娠。時彼梵志，未久命終。其大母子，語小母言：『所有財寶，盡應與我，汝無分也。』時小母言：『汝爲小待，須我分娠。若生男者，應有財分。若生女者，汝自嫁娶，當得財物。』彼子慇懃，再三索財，小母答如初。其子又逼不已，時彼小母即以利刀自決其腹，知爲男女。」語婆羅門言：「母今自殺，復害胎子。汝婆羅門亦復如是，既自殺身，復欲殺人。若沙門婆羅門精勤修善，戒德具足，久存世者，多所饒益，天人獲安。吾今末後爲汝引喻，當使汝知惡見之殃。昔者此斯波醯村，有二伎人，善於弄丸。二人角伎，一人得勝。時不如者語勝者言：『今日且停，明當更共試。』其不如者即歸家中，取其戲丸，塗以毒藥，暴之使乾。明持此丸詣勝者所，語言：『更可角伎。』即前共戲。先以毒丸，授彼勝者，勝者即呑；其不如者復授毒丸，得已隨呑。其毒轉行，舉身戰動；時不如者，以偈罵曰：『吾以藥塗丸，而汝呑不覺，小伎汝爲呑，久後自當知。』」

迦葉語婆羅門言：「汝今當速捨此惡見，勿爲專迷，自增苦毒。如彼伎人呑毒不覺。」時婆羅門白迦葉言：「尊者初設月喻，我時已解。所以往返，不時受者，欲見迦葉辯才智慧，生牢固信耳。我今信受，歸依迦葉。」迦葉報言：「汝勿歸我。

如我所歸無上尊者，汝當歸依。」婆羅門言：「不審所歸無上尊者，今爲所在？」迦葉報言：「今我師世尊滅度未久。」婆羅門言：「世尊若在，不避遠近，其當親見，歸依禮拜。今聞迦葉言如來滅度，今即歸依滅度如來及法眾僧。迦葉！聽我於正法中爲優婆塞，自今已後盡壽不殺、不盜、不婬、不欺、不飲酒。我今當爲一切大施。」

迦葉語言：「若汝宰殺眾生，撾打僮僕而爲會者，此非淨福。又如磽确薄地，多生荊棘，於中種植必無所獲。汝若宰殺眾生、撾打僮僕而爲大會，施邪見眾，此非淨福。若汝大施，不害眾生，不以杖楚加於僮僕，歡喜設會施清淨眾，則獲大福；猶如良田，隨時種植，必獲果實。」「迦葉！自今已後，常淨施眾僧不令斷絕。」

時有一年少梵志，名曰摩頭，在弊宿後立；弊宿顧語曰：「吾欲設一切大施，汝當爲我經營處分。」時年少梵志，聞弊宿語已，即爲經營。爲大施已，而作是言：「願使弊宿今世後世，不獲福報。」時弊宿聞彼梵志經營施已，有如是言：「願使弊宿今世後世，不獲果報。」即命梵志，而告之曰：「汝當有是言耶？」答曰：「如是，實有是言。所以然者，今所設食，粗澀弊惡，以此施僧；若以示王（弊宿），王尚不能以手暫向，況當食之？現在所設，不可喜樂，何由後世得淨果報？王施僧衣，純以麻布，若以示王，王尚不能以足暫向，況能自著？現在所施，不可喜樂，何由後世得淨果報？」

時婆羅門又告梵志：「自今已後，汝以我所食、我所著衣，以施眾僧。」時梵志即承教旨，以王所食、王所著衣，供養眾僧。時婆羅門設此淨施，身壞命終，生一下劣天中。梵志經營會者，身壞命終生忉利天。

爾時弊宿婆羅門、年少梵志、及斯婆醯婆羅門、居士等，聞童女迦葉所說，歡喜奉行。】（《大正藏》冊01，《佛說長阿含經》卷7《弊宿經》，頁42，中25～頁47，上12。）

呂先生所引之《分別功德論》卷五中所說，則是將以上經文記載的史實加以多處變造之後而作異說。《分別功德論》卷五之原文如下：

【所以稱拘摩羅迦葉能雜種論者，此比丘常為人敷演四諦，時兼有讚頌引譬況喻；一諦一偈讚引一喻，乃至四諦亦皆如是，故稱雜論第一也。拘摩羅者童也，迦葉者姓也。拘摩羅迦葉，即是童女（之）子。何以知其然？昔有長者名曰善施，居富無量；家有未出門女，在家向火，暖氣入身遂便有軀，父母驚怪，詰其由狀；其女實對：「不知所以爾。」父母重問，加諸杖楚，其辭不改。遂上聞王；王復詰責，辭亦不異，許之以死。女即稱怨曰：「天下乃當有無道之王，枉殺無辜。我若不良，自可保試，見枉如是。」王即撿程，如女所言，無他增減。王即語其父母：「我欲取之。」父母對曰：「隨意取之，用此死女為？」王即內之宮裏，隨時瞻養。日月遂滿，產得一男，端正姝妙。年遂長大，出家學道，聰明博達；精進不久，得羅漢道，還度父母。時有國王名曰波紲，信邪倒見；不知今世後世作善得福、為惡受殃，謂死、神滅，不復受生；不信有佛，不識涅槃；以鐵鍱腹，畏智溢出；誇王獨步，自謂無比。時童迦葉往至其門，王見迦葉被服異常，行步庠序威儀整齊，王即與論議。王問道人，道人言：「作善有福，為惡受殃。」王言：「今我宗家有一人，為善至純；臨欲死時，我與諸人共至其邊，語其人言：『如君所行，死應生天。若上天者，來還語我。』死來于久，不來告我，我是以知作善無福耳。」道人答王曰：「夫智者以譬喻自解，譬如有一人墮百斛圊廁中，有人挽出，洗浴訖，著好衣服，以香熏身，坐於高床。有人語此人曰：『還入廁中去爾。』此人肯入以不？」王曰：「不肯。」道人曰：「生天者其喻如是，天上快樂五欲自恣，以甘露為食，食自消化，無便利患；身體香潔，口氣苾芬；下觀世間猶豬處溷，正使欲來，聞臭即還。以是言之，何由得相告耶？」如是比，譬喻數十條事，王意開解，信向三尊。以是因緣故，童迦葉能雜種論，為第一也。】（《大正藏》冊25，《分別功德論》卷5，頁50，中12～下18。）

以上經、論中之原文，有智之人甫讀之後，即知《分別功德論》之處處變造所在；復以經之出世及論之出世時間觀之，則眞僞之間、判然若揭，更無可疑也！

# 第四章 「童女、鳩摩羅」二字之定義

童女二字，本是指稱未婚之女子；有時甚至是指稱未經人事之單身女子，不單是未婚而已。在佛教中，對童女二字之定義更是如此，是故不宜堅稱童女迦葉之童女二字爲姓氏，而曲解童女迦葉爲男性。

或有人質疑說：「《長阿含經．弊宿經》有二譯本，一爲《長阿含經．弊宿經》，另一爲《中阿含經．蜱肆經》，二者皆是將『童女迦葉』譯爲『鳩摩羅迦葉』，並且將他稱之爲『尊者』、『沙門』。事實上，從這二個版本來看，這位『鳩摩羅迦葉』完全看不出是一位單身、未出家的女性。」

若有人作如上質疑者，則是主張：童女是姓氏，鳩摩羅是名字。鳩摩羅既然只是名字，當然不能用來作爲顯示其性別及單身身分之用。然而此說不實。何以故？謂鳩摩羅（拘摩羅）者，意譯爲華語時即是童女也。譬如《雜阿含經》卷四十九：【時，彼迦摩天子說偈問佛：貪恚何所因，不樂身毛豎，恐怖從何起？覺想由何生？猶如鳩摩羅，依倚於乳母。】（《大正藏》冊02，《雜阿含經》卷49，頁361，上26～中1。）　語譯如下：【……心中驚恐不樂而使身毛豎立起來，這種恐怖之心情是從哪裡產生出來的？對於恐怖的覺知又是從何處出生的？這就好像是童女，依倚於奶媽一般。】又，童女迦葉是出家的女性，如同童子　文殊師利、觀世音、普賢一樣，都是出家人，故並非未出家的女性；若將童女行之出家女性曲解爲未出家之女性，則是曲解附和之說，不足爲憑。

今以下列證據辨正之，即知「童女、鳩摩羅」二名，皆具有單身之意，意譯爲童貞或童女之意；故童女或鳩摩羅，只是意譯或音譯之差別，原意並無不同，因爲鳩摩羅之意譯即是孩童或童女故，孩童之意則爲童貞之身；故說「鳩摩羅迦葉」之「鳩摩羅」，只是梵音童女之音譯而已，並非姓氏。是故，不論音譯爲鳩摩羅或意譯爲童女，皆是區分其受持不淫戒而行童女行（終生不淫亦不婚嫁）之意。

若是男性，則意譯為「童、童子」；若是女性，則意譯為「童女」；但不論男女，亦皆可簡譯為「童」而冠於姓氏之前；譬如童文殊師利、童迦葉。由此可知鳩摩羅三字本是區分單身女性出家人或單身男性出家人身分之用語，皆謂鳩摩羅一名亦是童子、童女之泛稱故也；若以通稱之名詞而特指為姓氏，即有過當之嫌，不足為憑。以上所說，別有多文為證：

《翻梵語》卷一：「鳩摩羅（譯曰：童也）雜誦第三卷」（《大正藏》冊54，《翻梵語》卷1，頁987，下7。）

《翻梵語》卷二：「鳩摩羅伽地（亦云鳩摩羅浮，譯曰：童眞）第二十九卷」（《大正藏》冊54，《翻梵語》卷2，頁992，下7。）

《翻梵語》卷二：「摩羅鳩摩羅（譯曰：摩羅者華鬘，鳩摩羅者童）箭喻經」（《大正藏》冊54，《翻梵語》卷2，頁1000，下11。）

《翻梵語》卷六：「舍那鳩摩羅（譯曰：舍那者樹名，鳩摩羅者童子）」（《大正藏》

冊54，《翻梵語》卷6，頁1025，上15。）

《翻梵語》卷六：「鳩摩羅迦葉（譯曰童子）鳩摩迦葉經」（《大正藏》冊54，《翻梵語》卷6，頁1026，中4。）

《翻梵語》卷七：「鳩摩羅天（論曰：童子）」（《大正藏》冊54，《翻梵語》卷7，頁1027，下27。）

《翻梵語》卷七：「鳩摩羅神（譯曰：童子）佛說出生無量門經」（《大正藏》冊54，《翻梵語》卷7，頁1029，中18~19。）

《翻梵語》卷七：「鳩摩羅（譯曰童也）」（《大正藏》冊54，《翻梵語》卷7，頁1030，上18。）

《翻譯名義集》卷1：「鳩摩羅伽，或云鳩摩羅馱，或名究磨羅浮多；此云童眞，亦云毫童，亦云童子。」（《大正藏》冊54，《翻譯名義集》卷1，頁1060，下3～4。）

《翻譯名義集》卷一：「鳩摩羅邏多，《西域記》翻：童受。」（《大正藏》冊54，《翻譯名義集》卷1，頁1066，上16。）

《翻譯名義集》卷一：「鳩摩羅什婆，此云童壽。」（《大正藏》冊54，《翻譯名義集》卷1，頁1069，上27。）

《翻譯名義集》卷二：「大論又稱鳩摩羅伽，此云童子。」（《大正藏》冊54，《翻譯名義集》卷2，頁1077，下29～頁1078，上1。）

《出三藏記集》卷十四：「鳩摩羅什，齊言童壽。」（《大正藏》冊55，《出三藏紀集》卷14，頁100，上24。）

《大唐內典錄》卷三：「鳩摩羅佛提，秦言童覺。」（《大正藏》冊55，《大唐內典錄》卷3，頁250，上25～26。）

《大唐內典錄》卷三：「鳩摩羅什婆，秦言童壽。」（《大正藏》冊55，《大唐內典錄》卷3，頁253，下19。）

《古今譯經圖紀》卷三：「沙門鳩摩羅佛提，此言童覺。」（《大正藏》冊55，《古今譯經圖紀》卷3，頁358，上27。）

《古今譯經圖紀》卷三：「沙門鳩摩羅什婆，此言童壽。」（《大正藏》冊55，《古今譯經圖紀》卷3，頁358，下21。）

《翻譯名義集》卷二：「拘摩羅，《西域記》云：『唐言童子。』」（《大正藏》冊54，《翻譯名義集》卷2，頁1083，上6。）

由以上所舉證據，已足以證明：鳩摩羅迦葉者，迦葉是姓，鳩摩羅即是童女或童子之意，謂一世專修童子行或童女行之童貞行者也，是故童女迦葉或鳩摩羅迦葉，其意皆為：出家修童貞行而身穿俗服的女子，俗姓迦葉。特別是已在最有公信力的漢傳阿含部經文中意譯為童女二字而非單譯為童字者，必是表明其為修持童貞行之單身出家女子。復次，在佛法中，往往因爲已證道者不分性別故，或同證無我空而同證聖果故，或是同證法界實相而成爲實義菩薩故，每將童子、童女意譯爲「童」而不言其性別；但若特別譯爲童女或童子者，則是同時顯示其性別及單身無偶之身分；故漢傳《阿含經》中「童女迦葉」之意譯，必然已經區分其爲單身及性別爲女人；若是「鳩摩羅迦葉」之音譯，則必然已經顯示其爲單身而性別不詳之出家人。由此諸理所述，不許將通稱之童女一名作爲姓氏，否則童子一名亦可隨意曲解爲姓氏，則天下大亂也；是故呂氏文中所謂童女爲姓氏者，所言有誤。

又，若有人欲將「鳩摩羅迦葉」之「鳩摩羅」三字作爲姓氏……解釋者，古來亦無如是事實可資援引；只有將鳩摩羅三字作爲名字者，並無將鳩摩羅用作姓氏使用者。用作名字者，則有實例可引，譬如《摩訶摩耶經》卷上云：

【爾時世尊於忉利天爲諸八部及以四眾，種種說法至三月盡，將欲還下於閻浮提，即便命彼王舍城中大臣之子，名鳩摩羅，聰明辯慧，而語之言：「汝今……」】

（《大正藏》冊12，《摩訶摩耶經》卷上，頁1008，中4～7。）

其餘都將鳩摩羅作爲童子、童女之意使用。譬如《佛所行讚》卷一〈處宮品〉中，說鳩摩羅是童女：【

父王見聰達，深慮踰世表；廣訪名豪族，風教禮義門，
容姿端正女，名耶輸陀羅；應嫂太子妃，誘導留其心。
太子志高遠，德盛貌清明，猶梵天長子。
舍那鳩摩羅，賢妃美容貌，窈窕淑妙姿，瓌艷若天后，
同處日夜歡。爲立清淨宮，宏麗極莊嚴，高峙在虛空，
迢遰若秋雲，溫涼四時適，隨時擇善居。
妓女眾圍遶，奏合天樂音，勿鄰穢聲色，令生厭世想。】（《大正藏》冊4，《佛所行讚》卷1〈處宮品〉，頁4，中22～下6。）

亦如《正法念處經》卷三十一〈觀天品〉中所說鳩摩羅，亦是單身天人之意，故鳩摩羅一字確實是賦予單身未婚之意，乃是形容詞而非作爲姓氏所用：

【復有邪見異道諸婆羅門作如是說：「此是摩醯首羅自在天子，名鳩摩羅童子之天；乘於孔雀，從天來下；向閻浮提，擁護世間。」】（《大正藏》冊１７，《正法念處經》卷３１〈觀天品〉１０，頁１８３，下７～９。）

《正法念處經》卷三十一〈觀天品〉：

【爾時天子初下之時，有婆羅門見此天子，自生分別，或言：「此是大梵天王。」或言：「此是摩醯首羅。」或言：「此是八臂天王。」或言：「此是自在天子，鳩摩羅童子天。」】（《大正藏》冊１７，《正法念處經》卷３１〈觀天品〉１０，頁１８３，下２８～頁１８４，上２。）

亦如《大智度論》卷二〈序品〉：

【如鳩摩羅天（秦言童子）。是天擎雞、持鈴，捉赤幡、騎孔雀。】（《大正藏》冊２５，《大智度論》卷２〈初品中婆伽婆釋論〉４，頁７３，上８～９。）

復如《百論疏》卷上：

【鳩摩羅什者，父名鳩摩羅炎，母曰耆婆。耆婆云壽，鳩摩羅炎云童，即童壽也。合取父母兩秤，為兒一名者，風俗異也。】（《大正藏》冊42，《百論疏》卷上之上〈百論序疏〉，頁235，下9～12。）

復如《釋氏稽古略》卷二：

【師入滅日，謂眾曰：「所譯唯十誦律未及刪繁。若義契佛心，焚身之日舌不焦壞。」言訖而逝。闍維，舌果不壞，若紅蓮色。師名鳩摩羅什，翻曰童壽。】（《大正藏》冊49，《釋氏稽古略》卷2，頁785，下18～21。）

以上所舉，在在處處證明鳩摩羅（童女、童子）之意，皆已分明顯示為單身無偶之意，不可扭曲為無法證明單身之意。又根據呂凱文先生的說法：鳩摩羅（童女）是姓氏，則是意謂迦葉二字為名字；但自古以來的中國與天竺，未曾有人說迦葉是名字，都說迦葉是姓氏，故呂先生的說法與史實不符。復次，根據呂先生所援引的《分別功德論》中的說法，也已經如此說：「拘摩羅者童也，迦葉者姓也。拘摩羅迦葉，即是童女（之）子。」這已經預先推翻了呂先生「迦葉是名字」的說法了。是故拘摩羅（鳩摩羅）之意乃是單身未婚者之意，是一般人用來區分性別及單身未嫁之用語，並非姓氏，更非名字；若有經中特別譯爲童女者，更已證明該單身之人爲女性，用意極明。故不可因爲迦葉名字之前有拘摩羅三字，即說拘摩羅（童女）是姓氏，否則即是該人同時擁有二個姓氏而獨缺名字；是故呂凱文先生將「童女」或「鳩摩羅」二語當作姓氏的說法，並不正確。

不但在語句中如此，並且呂先生所引論中又在此段文字的後面，亦以大量文字說明迦葉菩薩爲童貞女人所生之子，是未婚之童女而出生了迦葉，故知鳩摩羅—童女—二字是性別及單身之身分用語，不是姓氏；如是，形成以己之矛、攻己之盾的現象，亦是造論者始料未及之後果，顯見《分別功德論》造論者之無智。此有呂先生所引用之《分別功德論》卷五文句爲證：

【何以知其然？昔有長者名曰善施，居富無量；家有未出門女，在家向火，暖氣入身遂便有軀，父母驚怪，詰其由狀；其女實對：「不知所以爾。」父母重問，加諸杖楚，其辭不改。遂上聞王；王復詰責，辭亦不異，許之以死。女即稱怨曰：「天下乃當有無道之王，枉殺無辜。我若不良，自可保試，見枉如是。」王即撿程，如女所言，無他增減。王即語其父母：「我欲取之。」父母對曰：「隨意取之，用此死女爲？」王即內之宮裏，隨時瞻養。日月遂滿，產得一男，端正姝妙。年遂長大，出家學道，聰明博達；精進不久，得羅漢道，還度父母。】（《大正藏》冊25，《分別功德論》卷5，頁50，中16～27。）

姑不論《分別功德論》中此文的說法是否有誤，但在此段文字中，此論已說明「童迦葉」之母是以童女之身而生童迦葉，故知論主意中已將童女二字定義爲性別及單身未嫁之意，所以童女二字並不是姓氏。並且論中也明說「迦葉」二字才是姓氏，是故「童迦葉」實無可能既姓童女、又姓迦葉。所以呂凱文先生援引此論之文而斷章取義，將童女二字解說爲姓氏，辯解爲「童女」二字不是區別其單身未婚女人身分之用語。所說明顯違背所援引之論文本意，乃是自創之說，不符事實。

復次，論中所說其母以童女未嫁之身而生產迦葉之事，亦有前後矛盾之處者：「王即內（納）之宮裏，隨時瞻養。日月遂滿，產得一男，端正姝妙。年遂長大，出家學道，聰明博達；精進不久，得羅漢道，還度父母。」迦葉之母既是以童女之身而孕，並無夫婿，故迦葉之祖父母擬棄其母，被國王取入宮中收養；月滿之後出生迦葉，長大修行成阿羅漢；其母既是未婚生子，並未成婚，則迦葉即無父親，不應是「還度父母」，而應是「還度其母」。《分別功德論》之論主於此竟謂迦葉之童女親母亦有配偶，則所說即與己論有所不符；此是未根據史實而造論者往往不易避免之過失，亦成爲「童女」並非姓氏之旁證也，由此證明呂凱文先生未曾發覺該論中之過失，也證明呂先生之立論不當。

至於南傳小部《本生經》再增補後之故事，已與《分別功德論》大不相同了：由於父母不令出家，故迦葉之母乃要求出嫁，然後拒絕行房而向其夫解說色身不淨等理，取得丈夫同意而當天出家；然後有孕而被提婆達多逐出，再由國王收養而出生了迦葉。一者爲居家無夫而有孕，二者爲出嫁後拒絕行房而有孕，二種版本顯然有極大差異。由此亦可證明這是後人編造的故事，導致版本大不相同，同欲藉此故事將童女迦葉從大乘法中排除，納入二乘法中。以免童女迦葉率領五百大比丘遊行人間的事相，間接證明　佛陀時代已是大小乘兼弘的史實。

漢傳四阿含是最古、最正確的聲聞法第一結集經典，傳入中國以後被完整地翻譯出來而流通；若迦葉菩薩眞的只是聲聞人，而且她的身世確實是如此坎坷，則四阿含相應的《本生經》中，絕無可能無所記載；因爲這樣的一位大菩薩，竟能以在家身相的女人身分而率領五百大比丘遊行人間，而且是　佛陀許可的，身世竟然會如此坎坷，必然會招來許多聖弟子的好奇，而向佛陀提出本生因緣的請問，佛陀也必然會有說明。但是觀察四阿含相應的《本生經》中，都無如是記錄；可見她並沒有特別奇怪的出生因緣值得大家的注意，所以後出的《分別功德論》及後出的小部《本生經》，爲了轉移她的身分而編造的許多奇怪身世的說法，並不符契眞相。

# 第五章　《分別功德論》所說是否符合佛教史實？

已辨正呂先生曲解童女二字之意，再來辨正《分別功德論》中關於童女迦葉之文，是否符合佛教經文所載的史實：

一、此《分別功德論》中所謂道人者，查無經證，其實即是童女迦葉，並非另有其他道人。論中所說彼道人與某王之說法譬喻故事，亦查無經證，實亦抄自阿含《弊宿經》中童女迦葉爲外道弊宿王所說之譬喻，並非另有道人與某王有如是事，證知呂先生所引之《分別功德論》所說有誤。此已明證《分別功德論》有如是改編佛教史實之事實：

1．將童女迦葉簡名爲童迦葉，令人易誤會爲童子迦葉；次將村主弊宿改稱爲波紲王，其實仍是弊宿王；不同時代之音譯產生不同文字，或是同一時代而有不同二人音譯之，所譯之姓名文字往往互異，此事亦可思而知之，顯見二事同屬童女迦葉菩薩一人之弘法歷史事件。

2．然後論中又將童女迦葉之童女身分，改稱爲「童迦葉」而使人誤以爲是童子之身，再諉稱童迦葉是由其母童女身分所生，故必須另行創造童女生子之故事；這是將史實中的童女迦葉之一人一世身分，分割爲二人二世身分：成爲童女身分之母親出生了童子迦葉。然後呂先生不察而斷取其中一句，曲解爲童女身之母親所生「姓童女、名迦葉」之童子，虛增一母而成爲二人二世，嚴重違背經文所載史實。

3．已將迦葉變造爲童女所生之童子身以後，再將受持童子行之童女迦葉在家身相之出家菩薩僧身分，改變爲聲聞僧之比丘身分；千年之後再由呂凱文先生引此錯誤之論中文字，進一步將「童女」之性別身分通稱，曲解爲姓氏；藉此以否定迦葉菩薩之童女行者身分，不再擁有女身而變成男身，方能將受持童女行之童女迦葉菩薩改易爲童子身，定位爲聲聞比丘，排除其示現在家相之出家菩薩身分。如是所說，與《分別功德論》之作者心態一致，但皆與四阿含結集時之佛教史實不符。

二、呂先生文中說：童子迦葉與鏷腹之王共論法義。但佛教經典中，並無如是「童子迦葉」及「鏷腹之王」共論法義之事。佛世雖有鏷腹外道，皆由 佛陀親自收歸佛門，成爲佛弟子，未有留下其他鏷腹外道而與迦葉或親眷論法者。又古來雖有鏷腹之記載者，但唯有創造《金七十論》之外道一人，並無他人；而其年代並非童女迦葉菩薩弘法之佛陀在世時代，乃是晚於聲聞部派佛教之事了。今者呂先生將不同時代之二人編造爲同一故事中之主人翁，如同有人說唱故事時大聲舉唱「張飛戰岳飛」的故事一般，這是《分別功德論》作者及呂先生的過失。而彼論中所言「波紲王」與「童子迦葉」所論法義，亦完全出自《弊宿經》童女迦葉菩薩所說之譬喻，中阿含及南傳《長部經．弊宿經》所載內容亦同，並無二致。故知《分別功德論》中所說「童迦葉」之事，確屬移花接木之編造，是二乘種性聲聞凡夫僧在錯誤心態下所寫的失當言論。

三、此論純屬小乘論，專說小乘聖人諸阿羅漢之故事，專欲顯揚二乘聖人之偉大功德，當然不容許有菩薩出現在二乘經典或論典中，以免貶抑了二乘聖人的偉大，是故欲將阿含部經典中的童女迦葉轉變為聲聞法中的比丘僧；若童女迦葉果真是童女之身而公然率領五百比丘遊行人間弘化，二乘聖人的偉大與神聖就全然破滅了，就只能顯示菩薩的偉大了。基於如是心態，當然必須將阿含部經文中明載的童女迦葉菩薩變造為聲聞人，並且變造為男人——比丘，這是造論者的心態。故《分別功德論》卷二如是云：

【尊弟子者，謂五百羅漢各有所便，或智慧第一，或神足、或辯才、或福德、或守戒、或知足、或說法，各據第一。欲論先兒而後弟者，以阿若拘鄰最長，以須跋為最小，此佛法階次之大要。】（《大正藏》冊25，《分別功德論》卷2，頁34，上12～16。）

論中認為佛弟子中只有羅漢而無菩薩，修證羅漢之道即是成佛之道，故說 佛陀的弟子中，最長者及最小者都是聲聞羅漢，無視於當時大乘法教及菩薩之存在與弘法諸事；連 佛陀在世時被授記為即將下生成佛的 彌勒比丘，在《分別功德論》

中都吝於讚及一言。又主張「如是五百羅漢所修之法即是佛法」，是以聲聞解脫道取代佛菩提道，說此等五百聲聞之所證即是大乘佛法之所證，而言為「此佛法階次之大要」，認定聲聞解脫道即是成佛之道，是故該論中所說五百羅漢所證者，都無一字言及眞正的成佛之道，而以羅漢道取代佛菩提道。故知此乃小乘人之立論，尚不欲見二乘經中有大乘菩薩名，何況能容許迦葉菩薩以童女之在家身相出家修童女行，而率領五百比丘遊行於人間？而《阿含經》中所載童女迦葉所說法義確屬大乘法，乃二乘聖人所未能實證之第八識本識法；由是證明「童女迦葉」之童女二字，如同大乘諸經中所說「童子文殊師利」之童子二字一般，純屬出家修持童子行、童女行之童子、童女通稱也！絕非姓氏。

四、果眞如同呂凱文先生所說者，則童女迦葉應只是聲聞羅漢（阿含部經文中亦說童女迦葉是阿羅漢），應無證悟菩薩之身分；若是單有阿羅漢之身分而無證悟菩薩之身分者，則童女迦葉尚且不能實證第八識本識，又當如何能為弊宿王廣作譬喻而宣說本識之實存？皆因此經中五百比丘所隨從之童女迦葉既是阿羅漢，亦是大乘菩薩，方能於 佛陀在世之時即已率領菩薩種性的五百比丘遊行人間弘法（依聲聞出家戒律——比丘戒、比丘尼戒，比丘們不許追隨羅漢尼遊行人間弘法，違背八敬法故）。而童女迦葉所說既是純屬大乘本識如來藏妙法，並非大阿羅漢之所能證；但因童女迦葉所說之本識常住法義，能加持二乘涅槃，令滅盡蘊處界後的二乘涅槃不會墮於斷滅空中，亦令斷見外道無法附麗於佛法，故二乘聖凡眾人不得不將之結集於《長阿含經、中阿含經》內。

既是由二乘聖凡等五百人共同結集入二乘法教的四阿含之中，當知五百結集時之聲聞法中佔了多數之凡夫眾，私心之中絕不可能認同她是菩薩，乃名之為阿羅漢。然後再於後造之《分別功德論》中，將童女迦葉變造為童女所生之童子迦葉，即可變造童女迦葉之身分為男人，稱之為「童迦葉」；其後再改稱迦葉之身分為比丘，成為聲聞法中出家之阿羅漢比丘，而非原來大乘出家菩薩之童女身分。然而迦葉菩薩之童女身分及其所說大乘本識妙法，乃原始佛教阿含部經典中所載事實，絕非任何人所能扭曲，故知童女迦葉確屬兼得阿羅漢果之大乘地上菩薩。

由以上所述諸理，即知呂凱文先生主張以其母乃是童女之身而生迦葉，故迦葉之姓氏爲童女，名字爲迦葉；所說不當，違背佛教歷史事實。

五、佛經中，未有因母爲童女而生了子女，便以童女二字冠之爲姓氏也；世俗法中，亦未有人因其母爲童女而以童女爲姓氏也。故童女二字不可作爲姓氏解釋，全違世俗姓氏之約定俗成規矩故。

六、此論不知何人所譯，天竺是否本有此論，仍待考證之；但唐朝顯慶年間，據《大周刊定眾經目錄》卷十所載：【分別功德論一部五卷（或四卷或三卷七十二紙），右西晉代竺法護譯，釋增一阿含義，出達摩鬱多羅錄。】（《大正藏》冊55，《大周刊定眾經目錄》卷10，頁434，中24～26。）然而論中所說並非純說增一阿含之法義，譬如論中所說童女迦葉等理，乃是長阿含之法理與史實，故此目錄中所說者亦不符原始佛教經中所載史實，亦可作爲並非聲聞聖人所造之旁證，至多只是聲聞凡夫僧所造之僞論爾。亦如第二章第十條中所舉，《分別功德論》之造論者將天竺稱爲外國，則此論應爲中國古時聲聞凡夫僧所造（除非另有新證，足以證明古天竺已有此論存在，非是後人僞造爲古人所著者）；並且造論者全然不懂大乘佛法，認定聲聞解脫道即是成佛之道，可徵其說爲謬也！

七、《萬續藏》的《妙經文句私志記》卷三云：

【次引證者，引經聖說有四，阿難持四法藏，證前阿難爲四教能聞之人，義可信也。初言歡喜義，如後說小乘藏者，小是對大，即二乘藏總名爲小。次言賢者，賢善勝義；此教善巧，勝於前拙故也。言雜藏者，唯《分別功德論》中所釋，含有三義；說人不二，若文若義繁而不純，故名爲雜。此義正與通義相當，通於大小故也。次言海者，略言三義深廣一味，喻德橫豎精極故也。言典藏者，主領攝持諸法藏故也。初即證藏，次通、次圓、次別，並寄能以顯所，亦因所異故能有別；他人章疏亦皆引證，並本行集。法藏傳但有三名，三名雖同，所持稍異；云初持聲聞、次持緣覺、次持菩薩。今文不引傳者，名義之便，不如經文故。他人不引此四文者，亦以此之名數於彼不便，以但約三乘故也。然彼兩經皆是小乘，如何會今四教義？然於彼經，顯雖且小密通，表諸以一代中，要不出四，彼是權差之首，故正以密表之；例如世親攝論，明《阿含經》中亦有密說阿賴耶識，即其例矣！又如《增一阿含經》，初明四種藏，論三、及雜《分別功德論》中，正釋此義。於釋第四雜中，離爲二藏，一雜、二菩薩。初釋雜義，略如前述；次云「**諸方等正經，皆是菩薩藏中事**」，佛在世時已名大士藏。】（《新纂續藏經》冊29，No.596，《妙經文句私志記》卷3，頁200，中14～下9。）

依此記中所說，亦是將《分別功德論》判定爲二乘法中的論藏，屬於第四雜藏所攝，故知古人已判其爲二乘人所造之論，殆無疑義。又觀此論中所說佛教故事，始從第一聲聞僧阿若憍陳如，末至 佛所度最後聲聞僧須跋陀羅，其中雖然偶有提到大乘菩薩 彌勒比丘，都無一語讚之；而論中所讚唯一之出家菩薩童女迦葉，亦被曲解妄判爲比丘身而妄說爲聲聞聖僧；由此判知其爲聲聞僧人所造之論，都不欲見有大乘菩薩之名，何況大乘正法？由是緣故，說此論爲小乘人所造，並且對阿含部經典中的史實加以變造。故諸論中之所說，若欲引爲事證者，宜先比對經中原文，確認無誤之後方可援引。特別是《分別功德論》既無造論者姓名，連翻譯者姓名都無，雖然已被收入藏經中，並取爲證信之用，然其可信度顯然付之闕如。由以上種種所舉，證明呂先生所說童女迦葉之童女二字爲姓氏之言，其言錯謬，無可取信於人，仍宜回歸爲區分性別及出家單身用語之成例，以符翻經說法時約定俗成之常規。由是證明長阿含、中阿含所說童女迦葉之言，其童女二字所說乃是迦葉菩薩之出家及性別身分用語也，不應移作姓氏之用。

## 第六章　尊者、沙門二名唯能用於男性聲聞聖僧身上？

復次，或有人謂：「《長阿含經．弊宿經》有二譯本，一爲《長阿含經．弊宿經》，另一爲《中阿含經．蜱肆經》，二者皆是將『童女迦葉』譯爲『鳩摩羅迦葉』，並且將他稱之爲『尊者』、『沙門』。事實上，從這二個版本來看，這位『鳩摩羅迦葉』完全看不出是一位單身、未出家的女性。」

此語所說，寓意有三：一、童女迦葉不一定是單身者，二、童女迦葉是未出家者，三、童女迦葉不一定是女性身分，因爲童女二字實爲姓氏或名字，並非性別區分之意。然而此說實有過失：

其一、單身疑義：童女迦葉必是單身未婚之女性，所以者何？若是有歸屬之已婚女人，依古天竺風俗，妻子必須聽命於丈夫，豈有可能率領五百比丘盡壽遍行於人間而著有名稱，以致於被聲聞聖人同意結集入阿含部經典中？故知童女迦葉實為單身，絕非已嫁者。謂古天竺之女人，於家中之地位普皆低落；若非生於貴族之家，多被丈夫視為財產，當無可能婚後率領僧眾（並且是大比丘眾多達五百人）長期遊行於人間各處弘法。而身為聲聞法中之比丘眾，尚且不受比丘尼領導，何況是由已婚之在家女人領導而公然遊行於人間弘法？由此證知童女迦葉乃單身而且是已出家之童貞行者，並非已經嫁作人婦者，這已分明顯示她是出家而且證悟之菩薩。

其二、未出家疑義：童女迦葉本是出家菩薩，並非未出家之菩薩。此涉 佛陀在世時之大乘佛教僧團事實，謂大乘佛教之出家人皆屬菩薩身分，但並非全部皆示現聲聞比丘、比丘尼身相；並且是以出家後示現在家相者為眾，而出家後示現聲聞相者為寡。唯有原來身在聲聞法中的比丘、比丘尼等人，譬如迦旃延、須菩提、舍利弗、阿難……等人，迴小向大之後仍然示現為聲聞相，其餘都屬在家身相之出家菩薩。譬如 文殊、觀世音、持世……等人，皆是示現在家相之大乘出家菩薩，而僅有 彌勒菩薩一人示現爲聲聞僧的出家相。故不宜因迦葉菩薩之童女身分，就說她是未出家者，故童女迦葉當然是已在大乘法中出家，並且是已悟之大菩薩。

其三、女性疑義以及童女二字是否爲性別表示之疑義。猶如上來數章所引證，已證明童女迦葉確爲單身無偶之大乘法中出家女性。又迦葉二字本是姓氏，若童女、鳩摩羅亦是姓氏者，豈非成爲擁有二種姓氏而無名字，更違於事實？又何足據以爲證？譬如《翻梵語》卷六云：【鳩摩迦葉（應云鳩摩羅（《大正藏》用「罪」，此乃誤植）迦葉。譯曰：鳩摩羅者童，迦葉者姓）。】（《大正藏》冊５４，《翻梵語》卷６，頁１０２６，上２４。）由此處明言迦葉是姓氏，當知鳩摩羅（童女、童子）之意絕非亦是姓氏，已證明呂先生所說童女爲姓氏之說法錯誤。故知童女迦葉、鳩摩羅迦葉本是以童貞之身出家之女性，絕非男性，否則即應名之爲比丘，漢譯《阿含經》即不應特地譯爲童女也。若有譯爲童子者，實因終生受持童貞（童眞）行之故而誤譯爲童子也！「童子」一語通用而函蓋童女一詞故。

又，古天竺之所有聲聞出家人，皆名之爲比丘某某、或比丘尼某某，從來不稱爲童子或童女者。若鳩摩羅迦葉果眞是比丘或比丘尼者，絕對不會被稱爲童迦葉或童女迦葉；只有在大乘法中的出家菩薩們，才有「童、童子、童女、童貞之身分稱呼。今見三經所譯迦葉悉皆不稱其爲比丘或比丘尼，可見迦葉絕非聲聞法中之出家人；必屬大乘法中之出家人，方有可能被稱呼爲「童迦葉」或「童女迦葉」。

如是出家無偶而且受持童貞行之女子，能率領五百比丘公開遊行於人間而廣有名聲，並且能被第一次結集的聲聞聖凡等五百人，同意將其弘化之事實及所說法義結集入四阿含中者，若非大菩薩名稱普聞，絕不可能成功，則童女迦葉身爲菩薩僧之意極明也。而其所宣本識常住不壞之意旨，絕非聲聞人所能知之，乃一切未迴心大乘諸聲聞羅漢之所未證故；由此亦已證明童女迦葉爲菩薩僧，亦是另一證明也。此謂：鳩摩羅爲天竺之言，若意譯爲秦言（華語）時即是童貞之人，終生受持童子行、童女行之意；泛指大乘法中出家修行而不受聲聞戒之人，是大乘法中穿著在家俗服之出家菩薩也；但大乘法中出家菩薩所擁有之童女或童子名稱，一向不曾用於指稱聲聞僧，一向用以指稱單受菩薩戒而不受聲聞戒，並且仍著世俗衣服之出家菩薩而言。

**其四**、譬如 佛陀在世時之大乘法中出家菩薩，若不與聲聞僧共住者，則不兼受聲聞戒，只受菩薩戒而穿著在家人之俗服，受持童貞行而為菩薩，專修菩薩道而非單修聲聞道，只與菩薩僧共住而不與聲聞僧共住，皆屬出家之人；即是 文殊、觀世音、普賢等一類菩薩，皆可通稱為童子或童女也。若非如此，豈如應成派中觀見等六識論者所說「佛世之時並無大乘教，亦無第二、三轉法輪等大乘經」而只有小乘羅漢道？而童女迦葉與童子 文殊、觀世音、普賢、持世……等，又作何解？豈皆是在家之人耶？

**其五**、若堅持單修解脫道之聲聞僧即是菩薩、即是已圓滿成佛之道者，則諸大阿羅漢亦應皆是已成之佛，為何卻普皆未能成佛？又凡有法義之論議為何皆必須全部請問 佛陀，豈是已成佛之正遍知覺者？審如是，亦應 世尊化緣未滿而不應取滅度，尚未宣說大乘成佛之道一切法教故，尚未化度諸菩薩故，則不應由於化緣已滿而示現入涅槃；則捨壽後更應再以佛身示現於人間，再弘大乘法教成佛之道，必俟圓滿化緣以後方可示現入涅槃而不再有應身示現於人間。既然 佛陀已示現滅度，表示三乘菩提妙義已經具足宣說了，當然佛世必然是有三乘聖人同時住世而具足三乘菩提之實證者，即不該只有聲聞羅漢住世而無菩薩住世；是故，將「童女、鳩摩羅」二名，說爲姓氏，實欲扭曲迦葉菩薩之單身出家女性之菩薩身分而說爲聲聞人，藉以否定 佛陀在世之大乘法教存在者，實有過失。

其六、尊者之尊稱，並不能用來指證必是男性、聲聞僧，事實上亦可用以指稱女性及菩薩僧……等。譬如二乘法中之比丘尼若已證得阿羅漢果者，亦可被尊稱爲沙門、尊者；亦如大乘法中已悟而入諸地之地上菩薩，亦可被尊稱爲尊者或沙門，不論在家或出家身分；是故若將別譯中之迦葉菩薩被尊稱爲沙門或尊者，用來證明童女迦葉必是男性之身，並不恰當。而尊者、沙門之名號，亦非唯有二乘法中方可用之，不應據此而指稱童女迦葉必屬二乘聲聞人。譬如平實此世悟後不久，承蒙 世尊派遣往世身在藏密覺囊派時之師父來召喚時，吾師厲聲而責平實曰：「尊者！我已在此等你三天了，你為何遲至今天才來？」證知尊者一名並非二乘聖僧專屬之名號。

又，佛世有許多大阿羅漢，於第二轉法輪時迴入大乘法中，並已證悟，方能與 佛針對實相般若而作種種對話，記錄而成為諸般若經；但皆仍然被尊稱為「尊者」，不因迴入菩薩道中證悟後成為菩薩僧而改其尊稱，由此可證知尊者二字並非聲聞聖僧之專用語；是故，根據「尊者迦葉」之尊者稱號而強指迦葉為聲聞僧之說，並不恰當。

又，尊者一名，亦可用於在家人中之已悟者，譬如《正法華經》卷一〈光瑞品〉：

【勸助發起，無數菩薩，不可思議，億百千人。於時如來，尊者諸子皆為幼童（案：應譯為童子。古印度對已成長而尚未婚配之人皆稱為童子，並非指年紀幼小之人，故不宜譯爲幼童。）；見佛導師，則從所尊，悉作沙門，棄捐愛欲。】（《大正藏》冊9，《正法華經》卷1，〈光瑞品〉，頁66，下2～5。）

又如《放光般若經》卷一〈放光品〉：

【復次，舍利弗！菩薩摩訶薩行般若波羅蜜者若布施，當作是念：「使我得大果報，得生尊者家、梵志大姓家、迦羅越家，生四王天上乃至第六天中；因是布施得第一禪，上至四禪、空無形禪。」作是布施得賢聖八品道，得須陀洹，上至阿羅漢、辟支佛者，當學般若波羅蜜。】（《大正藏》冊8，《放光般若經》卷1，〈放光品〉，頁3，中26-下3。）

又，尊者一名，亦有用於稱呼菩薩者，譬如《佛說阿惟越致遮經》卷上〈不退轉法輪品〉：

【最選光明蓮華開剖如來等正覺，告柔音軟響菩薩：「汝等當與文殊師利俱至忍界，奉修訓誨，使心豁然。」柔音軟響菩薩白文殊師利：「吾等欲詣能仁如來觀忍世界，承仁聖慧，令願得果。」文殊答曰：「快哉！行矣！衆族姓子！諸佛世尊難見難遇，所以者何？億世時有。當共僉然供養奉事，所以出世於十方界矜愍衆生，化入大道，令逮覺慧；當爲一切蚑行喘息人物之類，供順修禮諸佛世尊，諮問經典，令十方人獲致上慶。」菩薩答曰：「令吾等身與尊者俱，奉見諸佛；歸命啓受，習學聖智，慈化群黎。」】（《大正藏》冊9，《佛說阿惟越致遮經》卷上，〈不退轉法輪品〉，頁199，下4～15。）

又如《大方廣佛華嚴經》卷四十五〈諸菩薩住處品〉：

【增長歡喜城有一住處，名尊者窟，從昔已來，諸菩薩衆於中止住。】（《大正藏》冊10，《大方廣佛華嚴經》卷45，〈諸菩薩住處品〉，頁241，下20～22。）

三如《大方廣佛華嚴經》卷五十七〈離世間品〉：

【佛子！菩薩摩訶薩有十種足。何等爲十？所謂持戒足，殊勝大願悉成滿故；精進足，集一切菩提分法不退轉故；神通足，隨衆生欲令歡喜故；神力足，不離一佛剎往一切佛剎故；深心足，願求一切殊勝法故；堅誓足，一切所作咸究竟故；隨順足，不違一切尊者教故。】（《大正藏》冊10，《大方廣佛華嚴經》卷57，〈離世間品〉，頁301，下17-22。）

四如《佛說羅摩伽經》卷上：

【爾時善財童子詣尊者婆須蜜多所，叉手合掌，白言：「大聖！我已先發阿耨多羅三藐三菩提心，而未知云何學菩薩行，修菩薩道。」】（《大正藏》冊10，《佛說羅摩伽經》卷上，頁858，上22~24。）

婆須蜜多是示現婬女身分之在家菩薩僧，亦被冠以尊者之稱呼。以上典故，皆是以尊者一名稱呼文殊菩薩，或者泛稱諸在家、出家菩薩僧，故尊者一名並非二乘聖人專用之名號，不應以此名相引證迦葉為聲聞人。

又，尊者一名，有時亦可用以稱呼出家相的菩薩，例如《大方廣佛華嚴經》卷七十八〈入法界品〉：

【爾時，善財童子合掌恭敬，重白彌勒菩薩摩訶薩言：「大聖！我已先發阿耨多羅三藐三菩提心，而我未知菩薩云何學菩薩行？云何修菩薩道？大聖！一切如來授尊者記，一生當得阿耨多羅三藐三菩提，……」】（《大正藏》冊10，《大方廣佛華嚴經》卷78，〈入法界品〉，頁428，中6～10。）

又，尊者一名，有時也可用來稱呼世尊，譬如《金剛三昧經》卷一〈無相法品〉：【爾時解脫菩薩，即從座起合掌胡（《大正藏》使用異體字之「踋」，以現代字之「胡」代替）跪而白佛言：「尊者！若佛滅後，正法去世，像法住世，於末劫中五濁眾生多諸惡業，輪迴三界無有出時。願佛慈悲，爲後世眾生宣說一味決定眞實，令彼眾生等同解脫。」】（《大正藏》冊9，《金剛三昧經》，〈無相法品〉，頁366，中6～10。）亦如同經之〈無相法品〉：【解脫菩薩而白佛言：「尊者！一切眾生若有我者、若有心者，以何法覺？令彼眾生出離斯縛？」】（《大正藏》冊9，《金剛三昧經》，〈無相法品〉，頁366，中23～25。）

又，尊者一名，有時也用在尚未出家、尚未證道者身上，譬如《大方廣佛華嚴經》卷七十五〈入法界品〉：

【爾時，女母爲其太子而說頌言：

太子汝應聽，我今說此女，初生及成長，一切諸因緣。

……乃至妓樂音，靡不皆通達。

婦人之所能，此女一切知，而無女人過，願垂速納受！

不嫉亦不慳，無貪亦無恚，質直性柔軟，離諸粗（《大正藏》使用異體字「麤」，以現代字「粗」代替）獷惡。

恭敬於尊者，奉事無違逆；樂修諸善行，此能隨順汝。】（《大正藏》冊10，《大方廣佛華嚴經》卷75，〈入法界品〉，頁409，上16～下8。）

又俗法中之父母亦得敬稱爲尊者，譬如《大方廣佛華嚴經》卷七十七〈入法界品〉：

【普現其身在於一切如來前、一切菩薩前、一切善知識前、一切如來塔廟前、一切如來形像前、一切諸佛諸菩薩住處前、一切法寶前、一切聲聞辟支佛及其塔廟前、一切聖眾福田前、一切父母尊者前、一切十方眾生前，皆如上說，尊重禮讚，盡未來際無有休息。】(《大正藏》冊10，《大方廣佛華嚴經》卷77，〈入法界品〉，頁422，下20~26。)

由以上所舉證據，皆已證明「迦葉尊者」不等於迦葉聲聞僧，若因迦葉菩薩被冠以尊者稱號，即定義其為聲聞僧，即屬不正當之考證。

**其七**、沙門一名，在經中亦有被用來稱呼外道出家人者，並非二乘聖人專用者，譬如《長阿含經》卷一，悉達多太子方始出家求道時的典故：

【爾時太子問沙門曰：「剃除鬚髮，法服持鉢，何所志求？」沙門答曰：「夫出家者，欲調伏心意、永離塵垢，慈育群生、無所侵嬈；虛心靜寞，唯道是務。」太子曰：「善哉！此道最真。」尋敕御者：「賫吾寶衣并及乘轝，還白大王。我即於此剃除鬚髮，服三法衣，出家修道。」】(《大正藏》冊1，《長阿含經》卷1，頁7，上8～14。）

又如外道亦可名爲沙門，屬於表義沙門，謂出家修行之人也，非必是佛教中之聲聞人也。譬如《雜阿含經》卷十二：

【「我於此法自知自覺，成等正覺；爲比丘、比丘尼、優婆塞、優婆夷，及餘外道沙門、婆羅門、在家、出家。彼諸四眾聞法，正向、信樂，知法善，梵行增廣，多所饒益，開示顯發。」】（《大正藏》冊2，《雜阿含經》卷12，頁81，上3～7。）

亦如《雜阿含經》卷二十七：

【「所以者何？我不見諸天、魔、梵、沙門、婆羅門、天、人眾中，聞我所說歡喜隨喜者。唯除如來及聲聞眾，於此聞者。」】（《大正藏》冊2，《雜阿含經》卷27，頁191，下22～25。）

於佛教之眞正沙門法出現於人間以前，所有出家的修行人都被稱沙門，屬於表義沙門。此二經文中所言沙門，亦是將外道中之出家人名為沙門；所以者何？謂彼諸天、……沙門……等眾，皆非佛所說之如來眾、聲聞眾故。證知沙門一名，亦可用於稱呼外道出家修行者；這是在佛教出現於人間以前，就已經在外道出家修行者中使用的稱呼；故不能用「沙門迦葉」之尊稱為根據，就判定迦葉必是聲聞人而非菩薩。

亦如《方廣大莊嚴經》卷十二〈轉法輪品〉：

【爾時如來洗手足已，前入石室敷座而坐，龍便瞋怒，身中出煙，佛亦出煙；龍大瞋怒，身中出火，佛亦出火；二火俱熾，焚燒石室。迦葉夜起，見室盡然（盡燃），驚怖歎惜：「此大沙門端正尊貴，不取我語，為火所害。」遽令弟子：「人持一瓶，汲水而救。」所有瓶水悉變為火，師徒益恐，皆言：「龍火殺是沙門。」如來爾時以神通力，制伏毒龍，置於鉢中；明旦持鉢，盛龍而出；迦葉大喜，怪未曾有：「今此沙門乃復活耶？器中何有？」見是毒龍。佛告迦葉：「我已伏之，令受禁戒。」】（《大正藏》冊3，《方廣大莊嚴經》卷12，〈轉法輪品〉，頁611，

b28～c9。）

大迦葉初見 佛時，尚未入佛門中，仍是事火外道；但大迦葉等外道亦稱出家修行之人爲沙門；所以沙門是古天竺各種宗教出家修行人之通稱，不可將之作爲佛教聲聞僧專用之名稱，據以斷定迦葉是聲聞僧。

其八、又佛法中，已斷我見者即可名爲沙門，不論其爲出家身或在家身。譬如《長阿含經》卷四：【「須跋！今我法中有八聖道，有第一沙門果，第二、第三、第四沙門果。外道異眾，無沙門果。」】（《大正藏》冊1，《長阿含經》卷4，頁25，上29～中2。） 亦如《長阿含經》卷八：【「謂四沙門果：須陀洹果、斯陀含果、阿那含果、阿羅漢果。」】（《大正藏》冊1，《長阿含經》卷8，頁51，上15～16。）而一切在家菩薩若是已悟如來藏而發起般若實相智慧者，必然皆是同時已斷我見者，當然亦可名爲沙門，是故非必聲聞出家人方可名爲沙門，在家菩薩若已斷我見者，乃至進而開悟明心證實相般若者，亦皆可稱爲沙門也！

**其九**、又出家菩薩亦得名爲沙門，非必聲聞人也。譬如《大乘悲分陀利經》卷三〈三王子授記品〉：【令其佛土無有聲聞、辟支佛名，令其佛土純諸菩薩充滿其中，無煩惱亂淨修梵行，願令其中一切菩薩，沙門形服與身俱生；適生中已，令思念食無量味飯充滿寶鉢在於右手。】（《大正藏》冊3，《大乘悲分陀利經》卷3，頁252，上27～中2。）由此證明，並非只有聲聞僧才可以稱爲沙門。

大乘法中以童子身、童女身而出家，不受聲聞比丘戒、比丘尼戒故，亦可稱名沙門童子。譬如同經異譯之《大正句王經》卷上：

【爾時尸利沙大城中，有大婆羅門及長者主等，互相謂曰：「云何此沙門童子迦葉，來至此城之北尸利沙林鹿野園中，是時尊者迦葉於彼城中名稱普聞，而彼城中一切人民素聞迦葉善說法要，常說種種深妙之義，已得無病常行頭陀，是即應供，是大阿羅漢；今既來此，我等宜共往詣彼林禮覲供養。」於是城中大婆羅門及長者等，咸出城北，往詣尸利沙林鹿野園中欲伸參問。爾時大正句王在高樓上，遙見城中婆羅門長者等同共出城，行詣城北，往尸利沙林鹿野園中。王既見已，問侍臣曰：「云何城中婆羅門長者同共出城，詣尸利沙林鹿野園中？」侍臣白王：「有一沙門，名童子迦葉，遊化至此大城之北尸利沙林鹿野園中而爲止住，是故城中諸婆羅門及長者等，同共出城禮覲供養。」王聞所奏，即謂侍臣：「汝可往彼，宣告彼衆婆羅門及長者等：『汝宜且止須臾小待，我今速至，當與汝等同共往彼，禮覲沙門童子迦葉。』何以故？如我意者，或恐汝等婆羅門長者，爲彼沙門童子迦葉邪法引導；不依智識，妄稱有人及有他世，復有化生。」】（《大正藏》冊1，《大正句王經》卷上，頁831，上15～中7。）

由此緣故，沙門迦葉於此經中被譯爲童子，但並非領受聲聞戒之比丘，而是只受菩薩戒之出家菩薩。由此可徵：不論童女或童子之名，皆是身分之通稱而非姓氏稱呼。

又，語意學中，童子一名可以函蓋童子及童女之意涵；若是童女一名，即不可函蓋童子之意涵，語意有別故，此一約定俗成之通例，古今無別。今觀長阿含之《弊宿經》中特譯爲童女迦葉，當知不得稱其爲男子者，故其性別顯非男性，必屬女性。若有人因此另作辯解：「童女一名爲姓氏，並非性別身分之表徵。」若是此說可以成立，則同經異譯之《大正句王經》中，將迦葉之身分譯爲童子，其童子之名亦應是姓氏，不應作爲性別身分之解讀，而迦葉亦是姓氏，豈非同時擁有二姓氏？違於當時天竺世俗規矩。又，從無有人以童子爲姓者，非唯無人以童女爲姓也；是故，不論誰人將童女解爲姓氏者，其說顯與事實不符。今觀《大正句王經》中已經如同《弊宿經》一般，稱迦葉爲沙門童子，是出家之後修童貞行的人，一生不著僧衣而不現比丘相或比丘尼相，已知是菩薩無疑也。

由以上所舉經、論中之諸多證據以觀，若是已受聲聞戒者，應名沙門比丘、沙門比丘尼；若是出家菩薩不兼受聲聞戒者，即名沙門童子；故不應因爲有時冠以沙門或尊者之名，即說童女迦葉非是出家人，或說迦葉不是菩薩而是聲聞人。今者有關迦葉菩薩弘法之三種經文所載，或有譯爲童女迦葉者，或有譯爲沙門童子迦葉者，或有冠以尊者者，皆不曾如同彌勒菩薩被稱爲比丘一般將迦葉稱爲比丘或比丘尼；更有漢譯《長阿含經》中的《弊宿經》明確譯爲童女，而非譯爲童子。凡此種種，皆可取徵童子或童女一名絕非姓氏；若是姓氏，則不容許有男女二邊異譯之大差別故。又童女亦可譯爲童子，謂同屬大乘出家沙門所行之童子行故，由此亦可證明童女絕非姓氏。又，若是姓氏，何有二姓並舉之事？除非如同中國古人女子出嫁而冠以夫姓，方得有二姓可言也；是故呂先生強指童女爲姓氏而迦葉亦爲姓氏，顯違常理，不足爲徵。

## 第七章 不迴心聲聞人心態異於迴小向大的聲聞僧心態

《分別功德論》既是小乘人所造，則將自己所結集的經中人物改稱為沙門、尊者，不稱其為菩薩，亦是理所當然者。然而記錄童女迦葉菩薩史實之聲聞經中，除了多處譯為童迦葉以外，亦有特別直譯為童女者，由此已可分明顯出迦葉菩薩之童女身分也。至於南傳經典中，只音譯為鳩摩羅，不欲人知鳩摩羅迦葉是童女或童子身分者，亦屬正常之事；所以者何？南傳聲聞法中一向崇尚比丘故，尚難容許比丘尼存在，何況願意譯為童女迦葉、童迦葉？則其音譯為鳩摩羅迦葉，心態亦可知矣！由此證明，應成派中觀等六識論者，處處站在日本一分批判佛教者之立場，亟欲推翻二乘經中的大乘人物，藉以證成他們所主張的大乘非佛說，其處心積慮，處處可徵，可謂司馬昭之心矣！

若有人言：「《童女迦葉考》一文說：『《分別功德論》是二乘人所作，所述事實不可信賴。』理由牽強。因爲佛經皆是阿難尊者所述聞佛說法的事實，所以經典開始都有『聞如是』，若前述理由成立，恐怕有人會說：『《阿含經》乃至一切佛經皆不可信賴。』」然而，在此不得不請問：阿難只是二乘人嗎？阿難在 佛陀第二、第三轉法輪時期，皆拒絕與聞 佛陀說法的勝會嗎？諸阿羅漢在 佛陀第二、三轉法輪時期，都拒絕與聞 佛陀的說法勝會嗎？在事實上是否有此可能？又，阿難尊者難道不是大乘佛法的教外別傳第二祖嗎？難道您想要指稱阿難尊者未曾證悟大乘法嗎？

如是思已，即知阿難尊者是兼具聲聞智與菩薩智之聖者，在初轉法輪時期本有聲聞僧之身分，當然具有聲聞法之智慧；後來既然同時與聞 佛陀第二、三轉法輪之大乘勝會，並且早已迴心大乘，又已實證大乘菩提，怎能說阿難不具有大乘菩薩僧之身分？據此以觀，主張阿難尊者不許同時參與大、小乘之經典結集者，或主張說：「《童女迦葉考》一文說：『《分別功德論》是二乘人所作，所述事實不可信賴。』理由牽強。因爲佛經皆是阿難尊者所述聞佛說法的事實，所以經典開始都有『聞如是』，若前述理由成立，恐怕有人會說：『《阿含經》乃至一切佛經皆不可信賴。』」其理由即不能成立，謂《分別功德論》作者心態錯誤而造出錯誤論著，與阿難尊者所結集之四阿含是否正確，二者在邏輯上並不能取來類比故，有智之人思之即知矣！

又，若阿難尊者等初轉法輪時期的聲聞僧，後來都拒絕參加 佛陀宣說大乘法的勝會，亦皆不曾聽聞 佛陀宣講的大乘法義，竟然又與大乘菩薩 文殊師利等人共同結集大乘諸經，再來主張「阿難所結集的四阿含諸經法義不可信賴」，所說方能合乎邏輯而被有智之人接受。若阿難尊者已曾參與多數初轉法輪時期之聲聞法會，後來迴心大乘以後又曾參與多數之二、三轉法輪大乘法會，則彼人之主張即不得成立；故其可能產生之質疑，應不可能存在。

又，《分別功德論》之作者是何人？是何證量？古天竺曾有此論存在嗎？顯然是不存在的，才需要宣稱是由「**外國**」「以口授相付」，以免有人要求他必須提出梵本作爲證據；那麼依此推斷此論爲中國修學聲聞法的僧人所造者，即具有說服力。又，若另有人稱說此論是天竺僧人所造而流入中國者，爲何此論中又自說「以口授相付」之天竺是外國？而且，自古以來，經典所載只曾有人名爲鳩摩羅，未曾有人以童女（鳩摩羅）爲姓，今者呂凱文先生主張「童女、鳩摩羅」都爲姓氏，所說實不能通也。以下南傳今譯的小部經典，可能是呂先生將迦葉判作「姓童女，名迦葉」而引作證據的文字：

小部經典 五—二四六【

二四 拘薩羅王知，收留養育我，稱名爲迦葉，王子之待遇。

二五 爲大迦葉在，冠以鳩摩羅，依佛所說身，聞等蟻塚教。

二六 由是得解脫，我心全歸無，調御諸眾生，我得第一位。

二七 燒盡諸煩惱……

二八 實我善來哉……

二九 四種無礙解，我得八解脫……

——如是具壽鳩摩羅迦葉長老唱此等之偈。】

於此今譯之小部經典中，雖說迦葉爲比丘尼母親所生而被國王收養；出家後只因姓迦葉者已有大迦葉了，爲了區別而冠以鳩摩羅（童子、童女）之稱，只是爲了區別的方便而加上童子或童女一字，然此本意仍非指稱童子或童女爲其姓氏。而且，南傳小部經典之問世，已是佛滅後數百年方才結集成功的，並且是由聲聞法中的凡夫僧結集成功的，是故此一小部所攝的《本生經》說法並不可靠；此部分，容後第八章中再作討論。

此外，提婆達多叛佛而另行創立僧團，是在佛陀晚年之時。《根本說一切有部毘奈耶》卷十四明載：

【爾時提婆達多既得如是恭敬供養，即便發起邪惡之念：「世尊今者年衰老耄，爲諸四衆苾芻、苾芻尼、鄔波索迦、鄔波斯迦教授勞倦。今可以諸大衆付囑於我，令我教授，我當秉執。世尊宜應少爲思慮，受現法樂，寂靜而住。」提婆達多纔生此念，神通即失。】（《大正藏》冊23，《根本說一切有部毘奈耶》卷14，頁701，中10～15。）

後來提婆達多果然向 佛陀提出如此要求，但被 佛陀拒絕；由此生瞋故，另創僧團，成就破和合僧重罪，這已是 佛陀晚年之事。今者《分別功德論》及南傳小部經典如是認為：童女迦葉是其母比丘尼所生，而其母比丘尼則是先在提婆達多新僧團中出家以後，由於有孕而使身量改變，被提婆達多逐出僧團；然後 佛陀為其母比丘尼解圍，其母方被國王留在宮中供養，足月以後生了迦葉，被國王收養為王子，等到長大才出家，隨 佛修行以後成為阿羅漢。從其母比丘尼有孕到迦葉出生、長大、出家、修行等長時間來說，迦葉成為阿羅漢時應已經是 佛陀入滅後的事了，不可能是 佛陀在世時就已經有大名聲流傳的人。然而漢譯《阿含經》中的記載，迦葉卻是 佛陀在世時就已率領五百大比丘遊行人間而名聲廣傳了，才會使她的弘法事蹟被結集在阿含部經典中。觀乎此，則知《分別功德論》為了改變童女迦葉的性別，不得不增加了其母生她、國王養她而成為王子男身，然後讓她出家修行成阿羅漢；如此增加時程的結果，卻已不符經中的年月記載了，這也是《分別功德論》所說不符事實的旁證，由此可以證明「童女」只是身分的表徵，不是呂先生所說的姓氏。而迦葉是證得阿羅漢果以後迴心大乘的菩薩，她是不受八敬法拘束的；跟隨她遊行人間的五百比丘也是不受八敬法拘束的，因爲她（他）們都是修菩薩行的人，不是聲聞僧，才能由證量極高的童女迦葉來率領五百比丘遊行人間弘化，廣爲聲聞僧所知，而在第一次結集時就被記入《阿含經》中。

# 第八章　南傳尼柯耶小部《本生經》之結集年代

呂先生據以爲文之南傳佛教小部《本生經》，其結集出現之年代及內涵，都值得加以探究；方能了知其所援引之經文是否有其效力，然後方可據以作結。若其結集年代及結集人物，並非可靠之時間與人物，則其可信度是不存在的。此如藏傳「佛教」的許多密經，都無可信度，其密續更不待言，由此爲據而證明其法義都非正確佛法；如是考證，方有可信度。若是遽引不可信受的僞經、僞論作爲考證之依據，則將如同釋印順一生的考證一般，都成爲刻意遮掩眞相的愚行，不符合學術研究求眞、求實的態度。

南傳佛教聲聞法教結集可信度之考查，實質上，其結集只是將古時流傳下來的經典集合，並非親聞佛說的法教結集，並非全都具有「經典結集」的合法性；因爲經過多代口耳流傳下來的「佛經」，是否還能稱爲「如是我聞」的佛經？是大有疑義的；除非是已經由親聞佛陀說法的證果者，證明其內容確爲佛陀所說無異，方能稱爲「佛經」，而且結集成功以後不許再改變經文內容，否則終究只能稱爲「如是傳聞」的「菩薩論」或「羅漢論」。嚴重者，乃至只能說是「凡夫論」，全無聖教實質可言，而被聲聞凡夫繼續認定爲「佛經」，據以爲憑而全力實修之。

平實此語並非無的放矢，譬如覺音（佛音）所造的《清淨道論》，根本不能稱爲「菩薩論」或「羅漢論」，因爲其中所說都不曾涉及聲聞解脫道或菩薩所證佛菩提道之內容，連斷除我見的內容亦付之闕如，全都只在斷除外我所貪愛上面述說，連內我所的內容都尚不懂，何況能教授學人以解脫之道？空言「清淨道之議論」，復有何義？則其議論內涵殊不足以取作修行人實修之參考，何況能作南傳佛法修行之依據？而今南傳佛教數百年來卻都取以爲據，依之「實修」解脫道，而且代有其人自謂已得阿羅漢果，傳世至今仍不斷絕。若究其實，彼等歷代所謂證果者，悉屬因中說果之大妄語也！因爲我見都具足存在。由是可知，凡所引證，皆必須取材正確；此則必須先有慧眼或者法眼鑑照其法義之疑訛，方能正確簡擇也！是故簡擇呂先生所引小部經典及《本生論》之本質，即成必要之舉。

關於聲聞法教的結集，網站上已有現成資料可供參考者，臚列如下：

第一次結集，是在釋迦牟尼逝世後不久。這次結集相傳共有五百上座比丘參加，由釋迦牟尼的大弟子摩訶迦葉主持，結集的地點是在王舍城外的七葉窟。這次結集的目的是把 佛陀一生所說言教誦出，以傳後世，讓大眾遵循。當時由佛的堂弟，也是佛的大弟子之一，被稱為「多聞第一」的阿難陀誦出佛所說的「經」，由另一位弟子優婆離誦出 佛陀為僧伽團體所制的律儀戒規，由此形成佛教的「經」和「律」。

第二次結集發生在大約佛滅百年之後。這次結集的直接起因是佛教僧團中對於戒律問題的不同看法而引起的爭論。據說當時印度東部跋耆族僧團中的一些比丘對傳統戒律提出了一些新的主張，遭到以耶舍長老為首的上座部長老比丘僧團的反對。耶舍長老於是召集了七百上座僧眾在毗舍離地方舉行了大規模的經典結集，對經、律的內容進行重新確定，以便統一認識。這次結集參加者有七百人，所以稱爲「七百結集」，又因爲這次結集的地方是在毗舍離地方，所以又稱爲「毗舍離結集」。「七百結集」確定了跋耆族僧團中流行的十件事不符合佛法，這些決議引起了跋耆族僧團比丘的反對，反對者另外針鋒相對地舉行了一次集會，也用會誦的辦法對經、律進行核定，確定十件事爲合法。由於這次集會的參加者多達萬人，因此被稱爲「大結集」，又因爲參加這次結集的多爲大眾比丘，所以又稱爲「大眾部結集」。第二次結集之後，統一的佛教教團分裂成爲「上座部」和「大眾部」兩大派。關于第二次結集的情況，北傳佛教的說法則略有差別。據北傳佛教經典《異部宗輪論》記，第二次結集是因爲有個叫大天的比丘提倡異說，特別是對「阿羅漢」果位的看法不同，即所謂「大天五事」，由此引起了爭執，導致第二次結集的產生。

第三次結集據南傳佛典記載，發生在佛滅後235年之際，即古印度孔雀王朝的阿育王統治時期。阿育王是印度孔雀王朝第三代國王。阿育王統治的年代大約在前268年至前232年。在阿育王統治時期，孔雀王朝成爲印度歷史上第一個統一的大帝國。據佛教資料記載，阿育王即位之初，暴虐嗜殺，在他即位的第9年，發動了一次規模巨大的戰爭，以武力征服了羯陵伽國。殘酷的戰爭場面觸動了阿育王，在此次戰爭之後阿育王宣布歸依佛教，並大力扶持佛教發展。據說他在全國修建了數萬座佛舍利塔，大量施捨佛教僧團，供養數萬的僧眾。相傳僅在雞園寺一處就供養上萬僧眾。由于佛教在他的護持下發展迅速，以致當時許多非佛教的外道也混雜其中，佛教教義被攪亂。爲了肅清外道影響，重新整頓佛教僧團和佛教教義，于是在阿育王支持下，由目犍連子帝須主持，召集一千比丘眾參加，對佛教三藏，主要是上座部的三藏進行重新會誦、確認。這次結集後，由阿育王派遣傳教師分赴印度各地以及周邊地區宣教，所到之地，有緬甸、斯里蘭卡以及中亞、西亞的一些國家和地區，從此佛教漸漸傳播於世界各國。

第四次結集發生在佛陀去世後約400年，即大約公元一世紀左右，大月氏貴霜帝國的迦膩色迦王統治時期。迦膩色迦王是印度歷史上繼阿育王之後又一位著名的護持佛教的國王。在他統治時期，部派佛教經過不斷發展，已經產生了許多派別，迦膩色迦王接受了脅尊者的建議，在迦濕彌羅（今克什米爾一帶）舉行了一次佛教經典的結集。這次結集由脅尊者主持，以世友爲上座，共有五百人參加。這次主要是論藏的結集，相傳迦膩色迦王命人以赤銅爲牒，鏤寫論文，建塔封藏，以傳後世。

第五次結集發生在近代緬甸。1857年，在緬甸貢榜王朝的明頓王主持下，召集了兩千多名上座僧人，在首都曼德勒舉行了一次盛大的結集，這次結集以律藏爲中心，對巴利文經典原文進行校勘和考訂。這次結集歷經5個月才完成。這次結集的經文被全文銘刻于729塊方形石塊上，全部碑文現在還保存在曼德勒的一個博物館中。

第六次結集發生在公元1954～1956年，這次結集是緬甸聯邦政府爲紀念釋迦牟尼逝世2500年而發起。結集地點在仰光北郊五公裡（編案：應爲「里」）處的一座山崗上。參加這次結集的有緬甸、柬埔寨、斯里蘭卡、印度、尼泊爾、泰國等各國的上座比丘兩千五百人。這次結集以第五次結集所校勘的經文爲依據，並參考了其他國家的各種巴利文版本，對巴利文三藏進行了嚴密的核校。這一次結集完成的大藏，是目前爲止最完善的巴利文《大藏經》。（資料來源：智博網：http://www.3answer.com/mod/question/search_result.php?keywordQA=%E7%BB%93%E9%9B%86《中國佛教圖鑑》，作者：夏傳才，頁17～19。）

由以上南傳佛法的結集記錄資料中，可以得出這些結論：一、眞正的阿含解脫道經典結集，只有 佛滅後不久即展開的五百結集。二、第二次的所謂結集，其實只是律法的決議記錄；即是針對十事非法的決議加以記錄，並非法義的結集；其時間已是 佛滅後百餘年的事了！三、第三次「結集」是 佛滅後二百餘年的事，是爲了確認當時流傳中的經典是否確屬 佛所教授的經典，藉以排除外道滲透進來的僞經，無關於佛經的結集。四、第四次的「結集」是 佛滅後約四百年間的事，只是針對當時的佛法論著加以釐清及保存，無關經典的結集。五、第五次及第六次的「結集」都不在天竺，而是在緬甸；只針對被翻譯爲巴利文的經律作出審定與保存。六、縱使北傳佛法《異部宗輪論》中有說到第二次結集，卻一樣是在律法上面所作的討論與決議，並不構成經典結集的實質。而且，在大乘法中所認定的第一次結集，並不是五百結集，而是不被聲聞部派佛教認定的七葉窟外的千人大結集；大乘菩薩們對於五百人結集後誦出時，聲聞人自稱已將 佛陀所有法義全部結集完成而指爲成佛之道的說法，不曾加以認同，甚至當場提出異議說：「吾等亦欲結集。」方有後來隨即展開而不被聲聞人承認的七葉窟外千人大結集，這才是大乘菩薩所承認的第一次結集，也是曾經親聞大乘諸經的大乘實證菩薩們唯一的一次結集。所以大乘人認定的第一次結集，與二乘人認定的第一次結集，是不同的兩回事，不可混爲一譚。

由以上六個事實看來，由聲聞人舉行的第二至第六次的結集，其實都不能算是經典的結集，只能說是討論戒律以及對流傳中的經典加以審定及保存；因爲能結集經典的人，必須是曾經親聞 佛陀說法，並且是實證 佛陀所說法而能眞的瞭解佛陀所說法義的人；也只有這些人才能對 佛陀所說的法義具有勝解的功德，因此而生起念心所，方有資格結集經典，才是眞的「如是我聞」。聲聞人所舉行第二次的十事非法律典結集，其實已經不算是經或律的結集了，因爲聽聞 佛陀說法並且已有實證的人都捨壽了。所以，南傳佛法眞正的經典結集就只有第一次的五百結集（五百結集後隨即展開的七葉窟外千人大結集，是大乘佛法的第一次結集，不屬於南傳佛法的結集，不應計入南傳佛法的結集順序中），其餘都是針對後來流傳及被翻譯爲巴利文的聲聞經典加以審定及保存，或單純只是對律法加以討論決議及記錄保存罷了，所以都不算是眞正的結集。以此緣故，這些所謂的「結集」，都不能取作最原始的佛法經典結集內容，更不能被取作最有公信力的考證依據。此外，南傳佛法小部經典中的《本生經》，學術界也公認是出於聲聞部派佛教時期，所以其中有許多是口耳相傳之時被有意或無意作了一些改變；因此其中往往有一些是不同於較早傳入漢地的阿含部經典所載，所以其可靠性是絕無可能比漢傳的《本生經》更準確。

只有由親從 佛陀聞法而且實證者，有了勝解而生起了念心所的聖者所結集誦出的最原始結集的經典內容，才是最符合當時眞相的記錄；因爲，這是由親從佛聞的聖者主持而結集下來的，不是長時口耳流傳的後世未悟凡夫僧主持而結集下來的。因此，呂凱文先生將後代結集流傳的純由南傳佛法聲聞人所「結集」的，而且是後出的巴利文經典所載內容，用來推翻最古、最正確的漢傳《阿含經》的說法，是取材錯誤而造成的不正確考證結論。

至於巴利文聖典的集成年代史實又是如何？這可以從下列的記錄中看出眞相：

【西元前二十六年（編案：大約佛滅後460年），大寺派羅希多等五百長老舉行佛典第四次結集，誦出上座部的三藏和義疏，並首度將錫蘭佛教口口相傳的經典，用巴利文寫在貝葉上保存。摩訶男王時代（403～431），佛音（覺音）論師至錫蘭，住大寺，以巴利文爲南傳上座部的三藏作注疏，並造《清淨道論》，奠定大寺派基礎，爲南傳佛教留下傳承典籍。大寺派結集了完整的巴利文三藏與佛學著作，長期流傳在錫蘭境內，後來緬甸、泰國、高棉和寮國也傳承此一系的佛學。】

（佛光星雲編著，《佛光教科書-5 宗派概論》，佛光文化事業有限公司（台北），1999．10初版，頁213～214。）

【一八八六年，緬甸淪為英國殖民地，至一九四七年，終於宣告獨立。獨立後的緬甸努力發展佛教，曾於一九五四年五月至一九五六年五月於仰光召開第六次佛教經典結集大會，出版完備的巴利文南傳經典，成績斐然。】（佛光星雲編著，《佛光教科書-5 宗派概論》，佛光文化事業有限公司（台北），1999．10初版，頁216。）

在阿育王時期，邀請目犍連子帝須長老來首都華氏城，召集一千名上座部長老，進行第三次結集，合誦三藏經典（編案：據說現存的巴利文三藏經典，即是在此次結集中會誦而成）（平實案：大約西元前245年）。在這次大會之後，阿育王又派遣僧侶四齣（編案：應為「出」）傳教，阿育王的兒子摩哂陀率領四位長老和一位沙彌，被派前往僧訶羅（又譯為僧伽羅、錫蘭，即今斯里蘭卡）建立僧團，傳入三藏經典，錫蘭王室將王室的亭園捐出，建立寺院，讓僧團居住，稱為大寺。其後摩哂陀的妹妹僧伽密多也前往錫蘭，建立了比丘尼僧團，她並且將佛陀在菩提伽耶成道時所在菩提樹的分枝，帶往錫蘭，種植於大寺之中，這是錫蘭佛教的開始。

傳入錫蘭佛教屬於上座部的一支，又稱分別説部。……至西元前一世紀，因爲錫蘭僧團中的長老，有鑑於國內曾發生戰亂，擔心教典散失，由羅揭多與五百名長老，於斯里蘭卡中部馬特列地區的阿盧寺會誦集結三藏教典，並以僧伽羅文字將經典寫在貝葉上成書，這是巴利文三藏最早的起源。……

西元五世紀前後，北印度菩提伽耶的覺音到達僧訶羅首都阿努拉達補拉，進入大寺學習三藏經典。他將僧伽羅文義疏譯成巴利文，並且以巴利文寫作了許多註釋。覺音所秉承的主要都是大寺派的觀點，他寫作的《清淨道論》，對於南傳佛教有很大的影響，而《善見律毗婆沙》也在南北朝的南齊時被漢譯傳至中國。」（摘自維基百科〈上座部佛教〉。網址：http://zh.wikipedia.org/wiki/%E4%B8%8A%E5%BA%A7%E9%83%A8%E4%BD%9B%E6%95%99）

（註：以上是《正覺電子報》連載當時從維基百科查得之資料。）

所以，事實上是：阿育王作了第三次「結集」以後，派人到斯里蘭卡弘傳；經過大約一世紀的口口相傳以後，再翻譯成巴利文而寫在貝葉上，然後細心保存以免原文經典因爲兵災而被焚燬或散失，這是巴利文經典初始形成的時間與因緣。由此看來，巴利文經典是聲聞法經典，是由上座部所弘傳的解脫道而非菩薩道經典；而且是 佛滅後幾百年的西元前大約二百四十五年時才由阿育王結集成的，並且是再經錫蘭的聲聞僧翻譯成巴利文的。譯成之後又過了大約七百年，尚未斷我見的覺音論師才進入錫蘭取得巴利文三藏，加以自己主觀的註釋。不但如此，他連巴利文三藏的經典也無法正確的領解義理，所以他所造的《清淨道論》中，全然無法述及我見的斷除，仍然落在意識境界中，連初果都無法證得，遑論斷我執及親證本識如來藏妙法。

由此可知，單憑巴利文三藏中的經律記載作爲考證的資料，是有許多盲點存在的；因爲那已經滲入後代聲聞凡夫僧的許多自我觀點了，並無全面取證爲眞相的證據力。莫說後起的巴利文三藏經律，即使是最古老、最能代表佛世聲聞人所知的佛法記錄書「漢傳四阿含諸經」中，都已有許多不可靠的、純由聲聞聖僧心態而產生的錯誤記載（詳見拙著《阿含正義》的考證），何況後世輾轉流至錫蘭的巴利文三藏，都是由凡夫聲聞僧所結集及翻譯的，怎能取作最正確的考證依據？

在聲聞僧的認知之中，絕對不可能會有示現在家身的童女出家行者，來率領五百位大比丘遊行於人間，而且是佛世已經存在的事實。這在聲聞僧的心態中是絕對無法接受的，當然會在後面的結集過程中加以曲解，或者在翻譯時故意譯作「童迦葉」而不樂如同漢譯的四阿含一般誠實譯作「童女迦葉」。因爲他們不知佛世三乘並弘的事實，也不知佛世的大乘出家人中有二種身相：一、受菩薩戒而不受聲聞戒的出家人，是穿著俗服的菩薩僧，如同童子文殊、觀世音、大勢至，亦如同童女迦葉……等人；二、兼受聲聞戒而穿著僧服的菩薩僧，如同當時的彌勒菩薩，以及迴小向大後的舍利弗、須菩提、迦旃延……等人。他們只願意信受迴心大乘以前的舍利弗……等人的事相，不樂意信受迴心大乘法以後的舍利弗等阿羅漢們修學大乘法的事實與內容；乃至連最原始的四阿含諸經中的內容，他們都希望能加以改造。由此背後不能明說的原因，所以巴利語系的《弊宿經》，也就是呂凱文先生提到的法藏部、說一切有部，與部派不明的《大正句王經》中所說的《弊宿經》中的迦葉菩薩，都譯爲「鳩摩羅迦葉」，都不譯爲「童女迦葉」，其原因也就很清楚了。

# 第九章　鳩摩羅應意譯為「童女」

佛教《本生經》的內容，當然可以確定是 佛陀親說的，因為不但是經典中常有 佛陀往世本生事跡記載，於第一次結集的聲聞解脫道四阿含中，以及同屬第一次結集的律部經典、雜藏之中，也同樣有 佛陀往世事跡的記載，當然確屬可信的。但這些都是第一次結集所成的聲聞法「經、律、雜」三藏中的記錄，具有極高的可信度；而南傳佛教所承繼的聲聞部派佛教時期方才出現的小部《本生經》中，穿插著某些弟子專有的本生譚，不是附屬於 佛陀連帶關係下的聖弟子本生譚，其可信度確實應該打折扣。

一般而言，佛學學術研究的公論是：佛陀的本生故事，到了後來聲聞部派佛教時代才得到各部派共同的支持與宣揚。其主要原因不外是由於去佛日遙，佛弟子們對 佛陀的懷念愈強烈，因此本生譚越傳越多，漸漸的為了配合日漸衰微的南傳解脫道的弘揚，不得不創造了一些本生譚，將佛世有名的菩薩變造為聲聞人。但因為某些菩薩的身分特殊，是依菩薩戒為正解脫戒而不樂兼受聲聞戒，所以在佛世就已示現在家相而出家，並不披剃而不現聲聞僧相，即難以引用於弘傳聲聞法的事相上，當然必須加以變造。然而變造之時當然必須編造本生譚來說服信眾，由此緣故，本文主人翁「鳩摩羅迦葉」，就由「童女、菩薩」的本質，被改變為「童子、聲聞比丘」，然後編造成童女母親出家而出生童子迦葉的故事，來說明《弊宿經》中的「童女迦葉」所說的「童女」其實只是姓氏而非性別身分的表徵。這個被編造出來的故事雖然生動而偉大，卻是與史實不符的假故事，也是內容自相矛盾的謬說。所以南傳佛法的小部《本生經》內容，並非全然正確無訛的，當然不許引作考證上最正確的依據。

關於鳩摩羅之意義，究竟應譯為童子或童女？應有明確的經文證據來作最後的判定。若有了經文中最後的判定依據，則南傳小部《本生經》中這個部分的疑訛，即可宣告澄清；此後，關於鳩摩羅迦葉是否為童女的諍議，即可永遠不必再論了。今就此一主題，提出二個部分來說明；在這二個部分的經文義理都研究明白以後，即可確定鳩摩羅二字的意義確爲「童女」。這二個部分，其一爲考究「舍那」的意義，其二爲考究「鳩摩羅」的意義。

一、**舍那的考究**：舍那，亦譯爲商那；義爲胎衣、自然衣，或譯爲草衣，皆屬依義實譯者。據《佛祖統紀》卷五：

【三祖商那和修尊者，王舍城長者也。過去世爲商主，路見辟支佛身嬰重病，即爲求藥治療；見其衣極弊惡，奉妙氎衣。辟支佛（不受施）言：「**此商那衣（或翻草衣。西域有九枝秀草，若羅漢生，則此草生於淨地之上也），以此出家成道，故當著此而入滅也**。」即飛空作十八變，便取涅槃。商主悲哀，積諸香木闍維舍利，起塔供養：「**願我來世功德威儀及以衣服，如今無異**。」由斯願力，於五百世身中陰，恒服此商那衣。最後身衣從胎俱出，隨身增長；出家變爲法服，具戒變爲九條，因名商那和修。】（《大正藏》冊49，《佛祖統紀》卷5，頁171，中10～20。）

《付法藏因緣傳》卷二：

【商主悲哀啼哭哽咽，積諸香木而用闍毘，收集舍利起塔供養，因發誓曰：「願我來世值遇聖師，復過於是；使我所有諸功德聚，威儀法式及以衣服，如今此聖等無有異。」由斯願力甚大雄猛，處於母胎著商那衣，乃至與身俱共增長。出家受戒得道涅槃，是商那衣未嘗離體，因即號曰商那和修。】（《大正藏》冊50，《付法藏因緣傳》卷2，頁303，下8～15。）

又《阿育王傳》卷四：

【迦葉自念：「如來是我大善知識，當報佛恩。報佛恩者，所謂佛所欲作、我已作訖：以法饒益同梵行者，爲諸眾生作大利益，示未來眾生作大悲想，欲使大法流布不絕；爲無慚愧者作擯羯磨，爲慚愧者作安樂行。」如是報恩皆悉已竟，重作思惟：「我極年邁，身爲老壞；臭爛之身，甚可厭惡。」涅槃時到，尊者迦葉以法付囑阿難而作是言：「長老阿難！佛以法藏付囑於我，我今欲入涅槃，以法付汝，汝善守護。」阿難合掌答尊者言：「唯然受教。」時王舍城有一長者生一男兒，合衣而出，衣名商那，即名此兒爲商那和修；以漸長大，將入大海。迦葉語阿難言：「商那和修發意入海，得寶來還，欲作般遮于瑟。若作會已，汝度令出家，以法付囑。」】（《大正藏》冊50，《阿育王傳》卷4，頁114，中1～15。）

又《阿育王傳》卷四：

【阿難語言：「汝已作財施，今可作法施。」問言：「尊者欲使我作何等法施？」尊者答言：「於佛法中出家，是名法施。」商那和修答言：「爾。」阿難即度令使出家，爲受具足，乃至爲作白四羯摩（應服法衣等）；商那和修言：「我本生時著商那衣，我今盡形受持此衣。」】（《大正藏》冊50，《阿育王傳》卷4，頁115，中12～18。）

又《景德傳燈錄》卷一：

【第三祖商那和修者（正宗記云：梵語商諾迦，此云自然服，以生時身自有衣也。

洪覺範〈志林〉云：謂僧伽梨衣，與雲巖同也。而傳燈曰：自然服，即西域九枝秀草，名未詳），摩突羅國人也，亦名舍那婆斯，姓毘舍多。父林勝，母憍奢耶，在胎六年而生。梵云商諾迦，此云自然服，即西域九枝秀草名也；若羅漢聖人降生，則此草生於淨潔之地。和脩生時，瑞草斯應。昔如來行化至摩突羅國，見一青林枝葉茂盛，語阿難曰：**「此林地名優留茶，吾滅度後一百年，有比丘商那和脩，於此地轉妙法輪。」**後百歲果誕。和脩出家證道，受慶喜尊者法眼。】（《大正藏》冊51，《景德傳燈錄》卷1，頁206，下25～頁207，上5。）

舍那衣，多譯為商那衣，本屬同一法，但音譯差異爾。如是已明「舍那、商那」之意，謂「舍那」即是隨胎而生之自然衣，故又名為胎中衣（非是醫學上所言之胎胞薄膜——胎衣），謂有特別因緣之人，出生之時不使閑雜人等得見其私處也。已明舍那之意義，則下一部分之經文可解，自知「鳩摩羅」之眞實義也！

二、**鳩摩羅的考究：**鳩摩羅應譯為童女。

據《佛所行讚》卷一〈處宮品〉：【

父王見聰達，深慮踰世表；廣訪名豪族，風教禮義門，
容姿端正女，名耶輸陀羅，應嫂太子妃，誘導留其心。
太子志高遠，德盛貌清明，猶梵天長子。
舍那鳩摩羅，賢妃美容貌，窈窕淑妙姿，瓌豔若天后；
同處日夜歡，爲立清淨宮，宏麗極莊嚴。】

（《大正藏》冊04，《佛所行讚》卷1，〈處宮品〉，頁4，中22～下1）

語譯如下：

淨飯父王看見悉達多太子非常聰明、智慧通達，但是唯恐太子出家而深思及憂慮，遠超過世間父母的思慮；因此就廣泛的尋訪名門豪族之中，有著好門風、好家教並且是懂得禮儀而具有忠義心性的人家，探求他們家中有沒有極具容貌姿色而長得端莊的待嫁女兒，後來找到一位這樣的女子，名爲耶輸陀羅。

她應該嫁給悉達多太子而成爲太子妃，淨飯王就向她的家人誘導，使他們留心這件事而不要隨意嫁了女兒。太子的志向很高大深遠而不在世法上面用心，道德殊特強盛而外貌生來就很清晰明朗（輪廓分明），看起來就好像是大梵天的長子一般。生來就有自然衣（舍那）遮蔽身體的童女（鳩摩羅），成爲賢慧的太子妃而具有很美的容貌，身體苗條而且具有淑女氣質的美妙威儀，看起來如同玫瑰一般的艷麗，簡直就像天后一般；她與太子同在一起而每天從早到晚都享受著歡樂的時光，父王爲了要讓太子忘記出家修行的事，便爲他們建造一座很清淨的宮殿讓他們居住，還把這個清淨的宮殿建造得很宏偉，而且莊飾得非常莊嚴。

由以上經文的語譯，已經證明鳩摩羅之意爲未婚的童女而非童子；也說明悉達多太子的妃子耶輸陀羅是生來就有天然衣的，她嫁給太子之前則是童女之身。若有人仍然主張應譯爲童子、兒童，那麼在這首讚偈中的鳩摩羅，又應該如何翻譯呢？難道要把耶輸陀羅譯爲男性的童子嗎？而且，生來就擁有自然衣的人，顯然不是悉達多太子；因爲悉達多太子是很分明的馬陰藏相，不是被自然衣遮蔽著的。這位生來就有自然衣—胎胞之衣—遮蔽私處的女人，尚未出嫁而待字閨中，當然一定是童女—未經人事的清淨女人—鳩摩羅；而且這個女人是嫁給悉達多太子當妃子，當然鳩摩羅只能翻譯爲童女，不許譯爲童子。

如是，鳩摩羅之意已明，即是童女之意而非童子也！當最古的《阿含經》傳入漢地時，迦葉菩薩被誠實地特地翻譯爲童女迦葉，當然是指稱她尚未出嫁而且已是出家人，並且是受持童貞菩薩戒的出家女人。當她出家之後在第一轉法輪時期已經實證阿羅漢果了，在 佛陀開始第二轉法輪時，她又因爲多劫以來勤行菩薩道而證得地上菩薩的果位以後，當然有資格率領大乘比丘遊行人間弘化。這不但是平實所熟知的佛世弘化事相，也是在大小乘諸經中許多地方都可以尋得蛛絲馬跡的，除非是不知道佛世弘化事相而一味迷信南傳聲聞佛法的新學菩薩。

已證阿羅漢果以後，初聞大乘佛法而證得地上果位的菩薩們，都不可能是初學佛法不久的人。佛世初學佛法而證得大乘賢位第七住般若根本智的阿羅漢們，也都不是修學佛法短短數劫的新學菩薩，而是已經修學大乘佛法很多劫的菩薩了！只是由於胎昧及尚無福德或因緣證悟般若（無生法忍）罷了！當他們悟入般若的因緣成熟了，感得 佛陀降生人間而初轉法輪時，當然都會先親證阿羅漢果，猶如 彌勒佛初成佛時初轉法輪的龍華三會一樣；但是 佛陀絕對不會因爲他們已證得解脫果而停止度化他們成佛的預定任務，於是第二轉法輪幫助他們證悟實相、生起般若智慧，然後才會有這些人可以在娑婆世界繼續住持成佛之道正法；而那些久已跟隨 佛陀實證大波羅蜜多的十地、等覺等大菩薩們（譬如文殊、觀世音、大勢至、維摩詰、龍女、童女迦葉……等菩薩），又可以隨同 佛陀繼續在娑婆世界的其他星球示現受生成道轉法輪，廣度有緣人。這才是 佛陀度眾的眞相，這絕對不是那些小根小器的聲聞凡夫們所能稍微絲毫了知的事。

同樣的，鳩摩羅迦葉—童女迦葉—多劫行道，勤求佛道，本非聲聞人；但聲聞人一心要將其攝入聲聞羅漢數中，不樂見其爲菩薩；今由以上證據，已經很清楚地證明這個事實了！但是聲聞凡夫僧是很難接受這個眞相的，而佛世的阿羅漢們卻可以接受這個眞相，因爲他們不但已在佛座下悟入般若了，後來也因爲 佛陀的說明而知道各人往世久已修學佛道的眞相了！因此，當他們某些人參與聲聞人大迦葉所結集的四阿含諸經時，不免會堅持說：「率領五百比丘遊行人間的迦葉尊者是童女——鳩摩羅。」因爲他們都領教過大菩薩童女迦葉的智慧了；雖然童女迦葉的智慧無法與童子文殊師利相提並論，但卻不是此世初悟般若仍在三賢位的阿羅漢們所能臆想猜測的，即使後來入地了，一樣是無法揣測童女迦葉的智慧，所以童女迦葉是所有迴小向大的阿羅漢位菩薩們所尊敬的。主持結集四阿含的大迦葉，對於少數參與結集而已悟般若的阿羅漢們，他是無法狡辯這個事實的；因爲他對某些參與四阿含結集的迴心阿羅漢們的般若智慧，都已無法臆測思量的了，怎能提出反對意見？於是只能如實記載迦葉爲「童女」。

童女迦葉爲什麼不是後代聲聞凡夫們口中的聲聞人呢？因爲她已是久劫修行菩薩道了！並且那些想要把她拉入聲聞僧中的人們，也不能不承認她是修習童子行的菩薩，並非聲聞僧。若是聲聞僧，是不應被稱呼爲童子行、童貞行的。先說童女迦葉的久修菩薩行事跡，仍以他們所信受的小部經典印證之：

小部經典五—二四四

五三二　鳩摩羅迦葉【

十萬劫之昔，世間導師出，巴多穆塔拉，濟世之勇者；
我爲婆羅門，爲知通吠陀，日中休息時，徘徊見奉佛；
說明四諦理，覺含天弟子，稱讚大眾中，巧說者第一；
爾時我心喜，招請施如來，種種彩色布，莊嚴飾假屋。
有德寶光佛，弟子處其中，七日間飲食，種種上味供；
我以多彩花，供佛與弟子，平伏佛足下，願求其地位。
彼時勝牟尼，世之悲愍者，一心希望者，佛爲如是言：
「如此鉢頭摩，最勝再生族。柔順如柔樹，喜極且喜多，
大眼表增喜，熱意於我教。平伏我足下，一人喜還來，
巧說者利益，彼願求此位。十萬劫之後，出生甘蔗族，
有名瞿曇者，大師在世間。於彼佛法中，得爲後繼子，

鳩摩羅迦葉，大師之弟子。彼施美花布，及依施寶珠，彼爲善巧説，於中第一者。」思願其善業，捨身往帝釋。】

在小部經典如是經文中，已經顯示童女迦葉是久修菩薩行而非修習聲聞行的人，證明她十萬劫以來都是勤修菩薩行的人。若是勤修聲聞行的人，親承 德寶光佛而作七日大供，欲實證阿羅漢果，只要一世即可成辦，不須繼續修行十萬劫以後才證阿羅漢果。而且她被 德寶光佛授記時，說是欲求佛位而非聲聞果：「願求其地位。」「其地位」是指 德寶光佛自住的位階，證明十萬劫前的迦葉是想要求證 德寶光佛的地位，不是只求一世可得的聲聞果羅漢果位。這也證明她是久學菩薩行的大菩薩，並非聲聞人，當然絕對不會以獲得羅漢果爲滿足。既然如此，十萬劫後，身爲證量極高之大菩薩，在 釋迦牟尼佛之世，以不受聲聞戒的童女出家身而率領五百比丘遊行人間，又有什麼可疑之處，爲何必須強行扭曲而改變她的性別身分？因爲，在大乘法中，從來不以性別及出家、在家身分來定位階的，只看證量是在五十二位階中的哪一位階來判定的。既然她的證量極高，以在家相的童女身分出家而不受聲聞戒，如是率領五百比丘遊行人間，在大乘法中是合乎教理與事實的，又是世尊在世時就已經存在的史實而被結集記入《阿含經》中，又有什麼必要加以篡改呢？所以說，只有聲聞凡夫不能安忍如是史實，才有必要加以編造故事而篡改之。

次言，迦葉菩薩不修聲聞行而修習童貞行，保留著未婚的在家女人身相，故此小部經中名之為「童迦葉、童子迦葉」。呂凱文先生既言童女為姓氏之說，但有時又說迦葉為童子行者，當知即非聲聞比丘也，聲聞比丘從來不許稱為童子故，童子、童女是大乘法中不受聲聞戒的出家菩薩專有通稱故。迦葉多劫以來既非聲聞比丘，始終都是菩薩行者，本即與聲聞僧的身分無關，又何必一定要篡改她的性別身分而強行指稱她是比丘身呢？並且，這不但有如上的小部經典作證，也是另有南傳小部經典為證的；由南傳小部經典的另一記載中也可以證實迦葉是童貞行的菩薩僧，不是聲聞僧：

小部經典二—四一三．七四　鬱多羅天宮

【「恰如集聚天眾之〔帝釋〕善法堂，汝此天宮輝煌立於空中。

汝具足神通有大威神……乃至……光耀十方。」

「天子今受童子（鳩摩羅迦葉）問，……乃至……云何得此業果耶？」

「我於世間人中時，我爲〔奉事〕年少帕耶西王，我得財而施捨，敬愛於持戒者。」

「我心存歡喜恭敬，行飲食之大布施。」

「因此我有如是容色……乃至……我之容色耀十方。」

攝頌：

二在家、果實施者、二住家施者、食施者麥番、次有二耳環、帕牙西。第六

品……】

由以上後出的南傳小部經典的記載中，也可以證明鳩摩羅迦葉自始至終都是修習童貞行的人；在聲聞法中的所有童貞行者都必須領受比丘戒或比丘尼戒，也都不被稱爲童貞行者，都被稱爲比丘或比丘尼，但迦葉從來不被稱爲比丘或比丘尼，故童女迦葉從來都不曾屬於聲聞僧。既然如此，一再地狡辯說童子迦葉是男性而非女性，一再地狡辯說鳩摩羅是童子而非童女，一再地狡辯說童女是姓氏而非身分表徵之稱呼，其實已無意義，何不回歸該經中所說的本識法的實證，而發起般若實相智慧及無餘涅槃中的本際智慧，來得更有意義？

若能親證本識心的所在，即能發起般若實相智慧，廁身於菩薩僧數之中，未來之世必將成佛無疑；若能確信 佛陀所說本識實存不滅的正理，則能於外、於內都無恐怖，方能確實斷除我見乃至進而斷除我執，成爲眞正的阿羅漢，得出三界生死苦，何樂不爲？豈如無智愚人昧於實智而屑屑於表相、斤斤於文字耶？唯能謂之爲愚不可及也！

本文到此，已告圓滿；誠祝有心於聲聞解脫道者，皆由此文而離愚昧，斯可眞入解脫道中實證解脫果；更祝有心於佛菩提道者，皆由此文而生智慧，確信親證本識者方能眞入佛門而階菩薩僧中。審能如是，則不枉平實寫作此文之辛苦也！

# 佛菩提二主要道次第概要表——二道並修，以外無別佛法

## 佛菩提道——大菩提道

十信位修集信心 —— 一劫乃至一萬劫

### 遠波羅蜜多

#### 資糧位（外門廣修六度萬行）

初住位修集布施功德（以財施爲主）。
二住位修集持戒功德。
三住位修集忍辱功德。
四住位修集精進功德。
五住位修集禪定功德。
六住位修集般若功德（熏習般若中觀及斷我見，加行位也）。

#### 見道位（內門廣修六度萬行）

七住位明心般若正觀現前，親證本來自性清淨涅槃。
八住位於一切法現觀般若中道。漸除性障。
十住位眼見佛性，世界如幻觀成就。

一至十行位，於廣行六度萬行中，依般若中道慧，現觀陰處界猶如陽焰，至第十行滿心位，陽焰觀成就。

一至十迴向位熏習一切種智；修除性障，唯留最後一分思惑不斷。第十迴向滿心位成就菩薩道如夢觀。

初地：第十迴向位滿心時，成就道種智一分（八識心王一一親證後，領受五法、三自性、七種第一義、七種性自性、二種無我法）復由勇發十無盡願，成通達位菩薩。復又永伏性障而不具斷，能證慧解脫而不取證，由大願故留惑潤生。此地主修法施波羅蜜多及百法明門。證「猶如鏡像」現觀，故滿初地心。

二地：初地功德滿足以後，再成就道種智一分而入二地；主修戒波羅蜜多及一切種智。滿心位成就「猶如光影」現觀，戒行自然清淨。

## 解脫道：二乘菩提

→ 斷三縛結，成初果解脫
→ 薄貪瞋癡，成二果解脫
→ 斷五下分結，成三果解脫

入地前的四加行令煩惱障現行悉斷，成四果解脫，留惑潤生。分段生死已斷，煩惱障習氣種子開始斷除，兼斷無始無明上煩惱。

近波羅蜜多　　大波羅蜜多　　圓滿波羅蜜多

修道位　　究竟位

三地：二地滿心再證道種智一分，故入三地。此地主修忍辱波羅蜜多及四禪八定、四無量心、五神通。能成就俱解脫果而不取證，留惑潤生。滿心位成就「猶如谷響」現觀及無漏妙定意生身。

四地：由三地再證道種智一分故入四地。主修精進波羅蜜多，於此土及他方世界廣度有緣，無有疲倦。進修一切種智，滿心位成就「如水中月」現觀。

五地：由四地再證道種智一分故入五地。主修禪定波羅蜜多及一切種智，斷除下乘涅槃貪。滿心位成就「變化所成」現觀。

六地：由五地再證道種智一分故入六地。此地主修般若波羅蜜多——依道種智現觀十二因緣一一有支及意生身化身，皆自心眞如變化所現，「非有似有」，成就細相觀，不由加行而自然證得滅盡定，成俱解脫大乘無學。

七地：由六地「非有似有」現觀，再證道種智一分故入七地。此地主修一切種智及方便波羅蜜多，由重觀十二有支一一支中之流轉門及還滅門一切細相，成就方便善巧，念念隨入滅盡定。滿心位證得「如犍闥婆城」現觀。

八地：由七地極細相觀成就故再證道種智一分而入八地。此地主修一切種智及願波羅蜜多。至滿心位純無相觀任運恆起，故於相土自在，滿心位復證「如實覺知諸法相意生身」故。

九地：由八地再證道種智一分故入九地。主修力波羅蜜多及一切種智，成就四無礙，滿心位證得「種類俱生無行作意生身」。

十地：由九地再證道種智一分故入此地。此地主修一切種智——智波羅蜜多。滿心位起大法智雲，及現起大法智雲所含藏種種功德，成受職菩薩。

等覺：由十地道種智成就故入此地。此地應修一切種智，圓滿等覺地無生法忍；於百劫中修集極廣大福德，以之圓滿三十二大人相及無量隨形好。

妙覺：示現受生人間已斷盡煩惱障一切習氣種子，並斷盡所知障一切隨眠，永斷變易生死無明，成就大般涅槃，四智圓明。人間捨壽後，報身常住色究竟天利樂十方地上菩薩；以諸化身利樂有情，永無盡期，成就究竟佛道。

←七地滿心斷除故意保留之最後一分思惑時，煩惱障所攝色、受、想三陰有漏習氣種子全部斷盡。

←煩惱障所攝行、識二陰無漏習氣種子任運漸斷，所知障所攝上煩惱任運漸斷。

斷盡變易生死成就大般涅槃

# 圓滿成就究竟佛果

佛子蕭平實　謹製

（二〇〇九、〇二 修訂）

（二〇一二、〇二 增補）

# 佛教正覺同修會〈修學佛道次第表〉

## 第一階段
* 以憶佛及拜佛方式修習動中定力。
* 學第一義佛法及禪法知見。
* 無相拜佛功夫成就。
* 具備一念相續功夫—動靜中皆能看話頭。
* 努力培植福德資糧，勤修三福淨業。

## 第二階段
* 參話頭，參公案。
* 開悟明心，一片悟境。
* 鍛鍊功夫求見佛性。
* 眼見佛性〈餘五根亦如是〉親見世界如幻，成就如幻觀。
* 學習禪門差別智。
* 深入第一義經典。
* 修除性障及隨分修學禪定。
* 修證十行位陽焰觀。

## 第三階段
* 學一切種智真實正理—楞伽經、解深密經、成唯識論…。
* 參究末後句。
* 解悟末後句。
* 透牢關—親自體驗所悟末後句境界，親見實相，無得無失。
* 救護一切眾生迴向正道。護持了義正法，修證十迴向位如夢觀。
* 發十無盡願，修習百法明門，親證猶如鏡像現觀。
* 修除五蓋，發起禪定。持一切善法戒。親證猶如光影現觀。
* 進修四禪八定、四無量心、五神通。進修大乘種智，求證猶如谷響現觀。

## 佛教正覺同修會 共修現況 及 招生公告　2016/1/16

**一、共修現況：**（請在共修時間來電，以免無人接聽。）

**台北正覺講堂** 103 台北市承德路三段 277 號九樓 捷運淡水線圓山站旁 Tel..**總機** 02-25957295（晚上）（**分機：九樓**辦公室 10、11；知客櫃檯 12、13。 **十樓**知客櫃檯 15、16；書局櫃檯 14。 **五樓**辦公室 18；知客櫃檯 19。**二樓**辦公室 20；知客櫃檯 21。）Fax..25954493

**第一講堂** 台北市承德路三段 277 號九樓

**禪淨班：**週一晚上班、週三晚上班、週四晚上班、週五晚上班、週六下午班、週六上午班（皆須報名建立學籍後始可參加共修，欲報名者詳見本公告末頁）

**增上班：瑜伽師地論詳解：**每月第一、三、五週之週末 17.50～20.50 平實導師講解（僅限已明心之會員參加）

**禪門差別智：**每月第一週日全天　平實導師主講（事冗暫停）。

**佛藏經詳解**　平實導師主講。已於 2013/12/17 開講，歡迎已發成佛大願的菩薩種性學人，攜眷共同參與此殊勝法會聽講。詳解 釋迦世尊於《佛藏經》中所開示的眞實義理，更爲今時後世佛子四眾，闡述佛陀演說此經的本懷。眞實尋求佛菩提道的有緣佛子，親承聽聞如是勝妙開示，當能如實理解經中義理，亦能了知於大乘法中：如何是諸法實相？善知識、惡知識要如何簡擇？如何才是清淨持戒？如何才能清淨說法？於此末法之世，眾生五濁益重，不知佛、不解法、不識僧，唯見表相，不信眞實，貪著五欲，諸方大師不淨說法，各各將導大量徒眾趣入三塗，如是師徒俱堪憐憫。是故，平實導師以大慈悲心，用淺白易懂之語句，佐以實例、譬喻而爲演說，普令聞者易解佛意，皆得契入佛法正道，如實了知佛法大藏。

此經中，對於實相念佛多所著墨，亦指出念佛要點：以實相爲依，念佛者應依止淨戒、依止清淨僧寶，捨離違犯重戒之師僧，應受學清淨之法，遠離邪見。本經是現代佛門大法師所厭惡之經典：一者由於大法師們已全都落入意識境界而無法親證實相，故於此經中所說實相全無所知，都不樂有人聞此經名，以免讀後提出問疑時無法回答；二者現代大乘佛法地區，已經普被藏密喇嘛教滲透，許多有名之大法師們大多已曾或繼續在修練雙身法，都已失去聲聞戒體及菩薩戒體，成爲地獄種姓人，已非眞正出家之人，本質只是身著僧衣而住在寺院中的世俗人。這些人對於此經都是讀不懂的，也是極爲厭惡的；他們尚不樂見此經之印行，何況流通與講解？今爲救護廣大學佛人，兼欲護持佛教血脈永續常傳，特選此經宣講之。每逢週二 18.50~20.50 開示，不限制聽講資格。會外人士需憑身分證件換證入內聽講（此是大樓管理處之安全規定，敬請見諒）。桃園、台中、台南、高雄等地講堂，亦於每週二晚上播放平實導師所講本經之 DVD，不必出示身分證件即可入內聽講，歡迎各地善信同霑法益。

**第二講堂**　台北市承德路三段 267 號十樓。

**禪淨班**：週一晚上班、週六下午班。

**進階班**：週三晚上班、週四晚上班、週五晚上班（禪淨班結業後轉入共修）。

**佛藏經詳解**：平實導師講解。每週二 18.50~20.50（影像音聲即時傳輸）。本會學員憑上課證進入聽講，會外學人請以身分證件換證進入聽講（此爲大樓管理處安全管理規定之要求，敬請諒解）。

**第三講堂**　台北市承德路三段 277 號五樓。

**進階班**：週一晚上班、週三晚上班、週四晚上班、週五晚上班。

**佛藏經詳解**：平實導師講解。每週二 18.50~20.50（影像音聲即時傳輸）。本會學員憑上課證進入聽講，會外學人請以身分證件換證進入聽講（此爲大樓管理處安全管理規定之要求，敬請諒解）。

**第四講堂**　台北市承德路三段 267 號二樓。

**進階班**：週一晚上班、週三晚上班、週四晚上班、週五晚上班（禪淨班結業後轉入共修）。

**佛藏經詳解**：平實導師講解。每週二 18.50~20.50（影像音聲即時傳輸）。本會學員憑上課證進入聽講，會外學人請以身分證件換證進入聽講（此爲大樓管理處安全管理規定之要求，敬請諒解）。

**第五、第六講堂**　爲開放式講堂，不需以身分證件換證即可進入聽講，台北市承德路三段 267 號地下一樓、地下二樓。已規劃整修完成，每逢週二晚上講經時段開放給會外人士自由聽經，請由大樓側面梯階逕行進入聽講。**聽講者請尊重講者的著作權及肖像權，請勿錄音錄影，以免違法；若有錄音錄影被查獲者，將依法處理。**

**正覺祖師堂**　大溪鎮美華里信義路 650 巷坑底 5 之 6 號（台 3 號省道 34 公里處　妙法寺對面斜坡道進入）電話 03-3886110　傳眞 03-3881692 本堂供奉　克勤圓悟大師，專供會員每年四月、十月各二次精進禪三共修，兼作本會出家菩薩掛單常住之用。除禪三時間以外，每逢單月第一週之週日 9:00~17:00 開放會內、外人士參訪，當天並提供午齋結緣。教內共修團體或道場，得另申請其餘時間作團體參訪，務請事先與常住確定日期，以便安排常住菩薩接引導覽，亦免妨礙常住菩薩之日常作息及修行。

**桃園正覺講堂（第一、第二講堂）**：桃園市介壽路 286、288 號 10 樓（陽明運動公園對面）電話：03-3749363（請於共修時聯繫，或與台北聯繫）

**禪淨班**：週一晚上班、週三晚上班、週四晚上班、週五晚上班。

**進階班**：週六上午班、週五晚上班。

**佛藏經詳解**：平實導師講解。每週二晚上，以台北正覺講堂所錄 DVD 放映；歡迎會外學人共同聽講，不需出示身分證件。

**新竹正覺講堂** 新竹市東光路 55 號二樓之一　電話 03-5724297（晚上）

**第一講堂：**

**禪淨班：**週一晚上班、週五晚上班、週六上午班。

**進階班：**週三晚上班、週四晚上班（由禪淨班結業後轉入共修）。

**佛藏經詳解：**平實導師講解。每週二晚上，以台北正覺講堂所錄 DVD 放映。歡迎會外學人共同聽講，不需出示身分證件。

**第二講堂：**

**禪淨班：**週三晚上班、週四晚上班。

**佛藏經詳解：**每週二晚上與第一講堂同時播放佛藏經詳解 DVD。

**台中正覺講堂** 04-23816090（晚上）

**第一講堂** 台中市南屯區五權西路二段 666 號 13 樓之四（國泰世華銀行樓上。鄰近縣市經第一高速公路前來者，由五權西路交流道可以快速到達，大樓旁有停車場，對面有素食館）。

**禪淨班：**週三晚上班、週四晚上班。

**進階班：**週一晚上班、週六上午班（由禪淨班結業後轉入共修）。

**增上班：**單週週末以台北增上班課程錄成 DVD 放映之，限已明心之會員參加。

**佛藏經詳解：**平實導師講解。每週二晚上，以台北正覺講堂所錄 DVD 放映。歡迎會外學人共同聽講，不需出示身分證件。

**第二講堂** 台中市南屯區五權西路二段 666 號 4 樓

**禪淨班：**週一晚上班、週三晚上班、週六上午班。

**進階班：**週五晚上班（由禪淨班結業後轉入共修）。

**佛藏經詳解：**每週二晚上與第一講堂同時播放佛藏經詳解 DVD。

**第三講堂、第四講堂：**台中市南屯區五權西路二段 666 號 4 樓。

**嘉義正覺講堂** 嘉義市友愛路 288 號八樓之一　電話：05-2318228

**第一講堂：**

**禪淨班：**週一晚上班、週四晚上班、週五晚上班。

**進階班：**週三晚上班（由禪淨班結業後轉入共修）。

**佛藏經詳解：**平實導師講解。每週二晚上，以台北正覺講堂所錄 DVD 放映。歡迎會外學人共同聽講，不需出示身分證件。

**第二講堂** 嘉義市友愛路 288 號八樓之二。

**台南正覺講堂**

**第一講堂** 台南市西門路四段 15 號 4 樓。06-2820541（晚上）

**禪淨班：**週一晚上班、週三晚上班、週四晚上班、週五晚上班、週六下午班。

**增上班：**單週週末下午，以台北增上班課程錄成 DVD 放映之，限已明心之會員參加。

**佛藏經詳解**：平實導師講解。每週二晚上，以台北正覺講堂所錄 DVD 放映。歡迎會外學人共同聽講，不需出示身分證件。

**第二講堂**　台南市西門路四段 15 號 3 樓。

**佛藏經詳解**：每週二晚上與第一講堂同時播放佛藏經詳解 DVD。

**第三講堂**　台南市西門路四段 15 號 3 樓。

**進階班**：週三晚上班、週四晚上班、週六上午班（由禪淨班結業後轉入共修）。

**佛藏經詳解**：每週二晚上與第一講堂同時播放佛藏經詳解 DVD。

**高雄正覺講堂**　高雄市新興區中正三路 45 號五樓 07-2234248（晚上）

**第一講堂**（五樓）：

**禪淨班**：週一晚上班、週三晚上班、週四晚上班、週五晚上班、週六上午班。

**增上班**：單週週末下午，以台北增上班課程錄成 DVD 放映之，限已明心之會員參加。

**佛藏經詳解**：平實導師講解。每週二晚上，以台北正覺講堂所錄 DVD 放映。歡迎會外學人共同聽講，不需出示身分證件。

**第二講堂**（四樓）：

**進階班**：週三晚上班、週四晚上班、週六上午班（由禪淨班結業後轉入共修）。

**佛藏經詳解**：每週二晚上與第一講堂同時播放佛藏經詳解 DVD。

**第三講堂**（三樓）：

**進階班**：週四晚上班（由禪淨班結業後轉入共修）。

**香港正覺講堂**　☆**已遷移新址**☆

九龍觀塘，成業街 10 號，電訊一代廣場 27 樓 E 室。

（觀塘地鐵站 B1 出口，步行約 4 分鐘）。電話：(852) 23262231

英文地址：Unit E, 27th Floor, TG Place, 10 Shing Yip Street, Kwun Tong, Kowloon

**禪淨班**：雙週六下午班 14:30-17:30，已經額滿。
雙週日下午班 14:30-17:30，2016 年 4 月底前尚可報名。

**進階班**：雙週五晚上班（由禪淨班結業後轉入共修）。

**增上班**：單週週末上午，以台北增上班課程錄成 DVD 放映之，限已明心之會員參加。

**妙法蓮華經詳解**：平實導師講解。雙週六 19:00-21:00，以台北正覺講堂所錄 DVD 放映；歡迎會外學人共同聽講，不需出示身分證件。

**美國洛杉磯正覺講堂　☆已遷移新址☆**

825 S. Lemon Ave Diamond Bar, CA 91798 U.S.A.

Tel. (909) 595-5222（請於週六 9:00~18:00 之間聯繫）

Cell. (626) 454-0607

**禪淨班**：每逢週末 15：30~17：30 上課。

**進階班**：每逢週末上午 10：00~12：00 上課。

**佛藏經詳解**：平實導師講解。每週六下午 13：00~15：00，以台北正覺講堂所錄 DVD 放映。歡迎各界人士共享第一義諦無上法益，不需報名。

**二、招生公告**　**本會台北講堂及全省各講堂，每逢四月、十月下旬開新班，每週共修一次**（每次二小時。開課日起三個月內仍可插班）；**但美國洛杉磯共修處之禪淨班得隨時插班共修。各班共修期間皆為二年半，欲參加者請向本會函索報名表**（各共修處皆於共修時間方有人執事，非共修時間請勿電詢或前來洽詢、請書），**或直接從本會官方網站**(http://www.enlighten.org.tw/newsflash/class)**或成佛之道網站下載報名表**。共修期滿時，若經報名禪三審核通過者，可參加四天三夜之禪三精進共修，有機會明心、取證如來藏，發起般若實相智慧，成為實義菩薩，脫離凡夫菩薩位。

**三、新春禮佛祈福**　農曆年假期間停止共修：自農曆新年前七天起停止共修與弘法，正月 8 日起回復共修、弘法事務。新春期間正月初一～初七 9.00～17.00 開放台北講堂、正月初一~初三開放新竹講堂、台中講堂、台南講堂、高雄講堂，以及大溪禪三道場（正覺祖師堂），方便會員供佛、祈福及會外人士請書。美國洛杉磯共修處之休假時間，請逕詢該共修處。

**密宗四大派修雙身法，是外道性力派的邪法；又以生滅的識陰作為常住法，是常見外道，是假的藏傳佛教。**

**西藏覺囊巴以他空見弘揚第八識如來藏勝法，才是真藏傳佛教**

# 佛教正覺同修會　弘法行事表

2014/08/19

1、**禪淨班**　以無相念佛及拜佛方式修習動中定力，實證一心不亂功夫。傳授解脫道正理及第一義諦佛法，以及參禪知見。共修期間：二年六個月。每逢四月、十月開新班，詳見招生公告表。

2、**《佛藏經》詳解**　平實導師主講。已於2013/12/17開講，歡迎已發成佛大願的菩薩種性學人，攜眷共同參與此殊勝法會聽講。詳解釋迦世尊於《佛藏經》中所開示的眞實義理，更爲今時後世佛子四眾，闡述 佛陀演說此經的本懷。眞實尋求佛菩提道的有緣佛子，親承聽聞如是勝妙開示，當能如實理解經中義理，亦能了知於大乘法中：如何是諸法實相？善知識、惡知識要如何簡擇？如何才是清淨持戒？如何才能清淨說法？於此末法之世，眾生五濁益重，不知佛、不解法、不識僧，唯見表相，不信眞實，貪著五欲，諸方大師不淨說法，各各將導大量徒眾趣入三塗，如是師徒俱堪憐憫。是故，平實導師以大慈悲心，用淺白易懂之語句，佐以實例、譬喻而爲演說，普令聞者易解佛意，皆得契入佛法正道，如實了知佛法大藏。每逢週二18.50~20.50開示，不限制聽講資格。會外人士需憑身分證件換證入內聽講（此是大樓管理處之安全規定，敬請見諒）。桃園、新竹、台中、台南、高雄等地講堂，亦於每週二晚上播放平實導師講經之DVD，不必出示身分證件即可入內聽講，歡迎各地善信同霑法益。

有某道場專弘淨土法門數十年，於教導信徒研讀《佛藏經》時，往往告誡信徒曰：「後半部不許閱讀。」由此緣故坐令信徒失去提升念佛層次之機緣，師徒只能低品位往生淨土，令人深覺愚癡無智。由有多人建議故，平實導師開始宣講《佛藏經》，藉以轉易如是邪見，並提升念佛人之知見與往生品位。此經中，對於實相念佛多所著墨，亦指出念佛要點：以實相爲依，念佛者應依止淨戒、依止清淨僧寶，捨離違犯重戒之師僧，應受學清淨之法，遠離邪見。本經是現代佛門大法師所厭惡之經典：一者由於大法師們已全都落入意識境界而無法親證實相，故於此經中所説實相全無所知，都不樂有人聞此經名，以免讀後提出問疑時無法回答；二者現代大乘佛法地區，已經普被藏密喇嘛教滲透，許多有名之大法師們大多已曾或繼續在修練雙身法，都已失去聲聞戒體及菩薩戒體，成爲地獄種姓人，已非眞正出家之人，本質上只是身著僧衣而住在寺院中的世俗人。這些人對於此經都是讀不懂的，也是極爲厭惡的；他們尚不樂見此經之印行，何況流通與講解？今爲救護廣大學佛人，兼欲護持佛教血脈永續常傳，特選此經宣講之，主講者平實導師。

3、**瑜伽師地論**詳解　詳解論中所言凡夫地至佛地等 17 師之修證境界與理論，從凡夫地、聲聞地……宣演到諸地所證一切種智之眞實正理。由平實導師開講，每逢一、三、五週之週末晚上開示，僅限已明心之會員參加。

4、**精進禪三**　主三和尚：平實導師。於四天三夜中，以克勤圓悟大師及大慧宗杲之禪風，施設機鋒與小參、公案密意之開示，幫助會員剋期取證，親證不生不滅之眞實心——人人本有之如來藏。每年四月、十月各舉辦二個梯次；平實導師主持。僅限本會會員參加禪淨班共修期滿，報名審核通過者，方可參加。並選擇會中定力、慧力、福德三條件皆已具足之已明心會員，給以指引，令得眼見自己無形無相之佛性遍佈山河大地，眞實而無障礙，得以肉眼現觀世界身心悉皆如幻，具足成就如幻觀，圓滿十住菩薩之證境。

5、**阿含經**詳解　選擇重要之阿含部經典，依無餘涅槃之實際而加以詳解，令大眾得以現觀諸法緣起性空，亦復不墮斷滅見中，顯示經中所隱說之涅槃實際—如來藏—確實已於四阿含中隱說；令大眾得以聞後觀行，確實斷除我見乃至我執，證得**見到**眞現觀，乃至**身證**……等眞現觀；已得大乘或二乘見道者，亦可由此聞熏及聞後之觀行，除斷我所之貪著，成就慧解脫果。由平實導師詳解。不限制聽講資格。

6、**大法鼓經**詳解　詳解末法時代大乘佛法修行之道。佛教正法消毒妙藥塗於大鼓而以擊之，凡有眾生聞之者，一切邪見鉅毒悉皆消殞；此經即是大法鼓之正義，凡聞之者，所有邪見之毒悉皆滅除，見道不難；亦能發起菩薩無量功德，是故諸大菩薩遠從諸方佛土來此娑婆聞修此經。由平實導師詳解。不限制聽講資格。

7、**解深密經**詳解　重講本經之目的，在於令諸已悟之人明解大乘法道之成佛次第，以及悟後進修一切種智之內涵，確實證知三種自性性，並得據此證解七眞如、十眞如等正理。每逢週二 18.50~20.50 開示，由平實導師詳解。將於《大法鼓經》講畢後開講。不限制聽講資格。

8、**成唯識論**詳解　詳解一切種智眞實正理，詳細剖析一切種智之微細深妙廣大正理；並加以舉例說明，使已悟之會員深入體驗所證如來藏之微密行相；及證驗見分相分與所生一切法，皆由如來藏—阿賴耶識—直接或展轉而生，因此證知一切法無我，證知無餘涅槃之本際。將於增上班《瑜伽師地論》講畢後，由平實導師重講。僅限已明心之會員參加。

9、**精選如來藏系經典**詳解　精選如來藏系經典一部，詳細解說，以此完全印證會員所悟如來藏之眞實，得入不退轉住。另行擇期詳細解說之，由平實導師講解。僅限已明心之會員參加。

10、**禪門差別智**　藉禪宗公案之微細淆訛難知難解之處，加以宣說及剖析，以增進明心、見性之功德，啓發差別智，建立擇法眼。每月第一週日全天，由平實導師開示，僅限破參明心後，復又眼見佛性者參加（事冗暫停）。

11、**枯木禪**　先講智者大師的《小止觀》，後說《釋禪波羅蜜》，詳解四禪八定之修證理論與實修方法，細述一般學人修定之邪見與岔路，及對禪定證境之誤會，消除枉用功夫、浪費生命之現象。已悟般若者，可以藉此而實修初禪，進入大乘通教及聲聞教的三果心解脫境界，配合應有的大福德及後得無分別智、十無盡願，即可進入初地心中。親教師：平實導師。未來緣熟時將於大溪正覺寺開講。不限制聽講資格。

**註：**本會例行年假，自 2004 年起，改為每年農曆新年前七天開始停息弘法事務及共修課程，農曆正月 8 日回復所有共修及弘法事務。新春期間（每日 9.00~17.00）開放台北講堂，方便會員禮佛祈福及會外人士請書。大溪鎮的正覺祖師堂，開放參訪時間，詳見〈正覺電子報〉或成佛之道網站。本表得因時節因緣需要而隨時修改之，不另作通知。

## 佛教正覺同修會　贈閱書籍 目錄　　2015/09/29

1.**無相念佛**　平實導師著　回郵 10 元
2.**念佛三昧修學次第**　平實導師述著　回郵 25 元
3.**正法眼藏—護法集**　平實導師述著　回郵 35 元
4.**真假開悟簡易辨正法＆佛子之省思**　平實導師著　回郵 3.5 元
5.**生命實相之辨正**　平實導師著　回郵 10 元
6.**如何契入念佛法門**（**附**：印順法師否定極樂世界）平實導師著 回郵 3.5 元
7.**平實書箋**—答元覽居士書　平實導師著　回郵 35 元
8.**三乘唯識**—如來藏系經律彙編　平實導師編　回郵 80 元
（精裝本　長 27 ㎝　寬 21 ㎝　高 7.5 ㎝　重 2.8 公斤）
9.**三時繫念全集**—修正本　回郵掛號 40 元（長 26.5 ㎝×寬 19 ㎝）
10.**明心與初地**　平實導師述　回郵 3.5 元
11.**邪見與佛法**　平實導師述著　回郵 20 元
12.**菩薩正道**—回應義雲高、釋性圓…等外道之邪見　正燦居士著 回郵 20 元
13.**甘露法雨**　平實導師述　回郵 20 元
14.**我與無我**　平實導師述　回郵 20 元
15.**學佛之心態**—修正錯誤之學佛心態始能與正法相應 孫正德老師著 回郵35元
附錄：平實導師著**《略說八、九識並存…等之過失》**
16.**大乘無我觀**—《悟前與悟後》別說　平實導師述著　回郵 20 元
17.**佛教之危機**—中國台灣地區現代佛教之真相（附錄：公案拈提六則）
平實導師著　回郵 25 元
18.**燈 影**—燈下黑（覆「求教後學」來函等）平實導師著　回郵 35 元
19.**護法與毀法**—覆上平居士與徐恒志居士網站毀法二文
張正圜老師著　回郵 35 元
20.**淨土聖道**—**兼評選擇本願念佛**　正德老師著 **由正覺同修會購贈** 回郵 25 元
21.**辨唯識性相**—對「紫蓮心海《辯唯識性相》書中否定阿賴耶識」之回應
正覺同修會 台南共修處法義組 著　回郵 25 元
22.**假如來藏**—對法蓮法師《如來藏與阿賴耶識》書中否定阿賴耶識之回應
正覺同修會 台南共修處法義組 著　回郵 35 元
23.**入不二門**—公案拈提集錦 第一輯（於平實導師公案拈提諸書中選錄約二十則，
合輯爲一冊流通之）平實導師著　回郵 20 元
24.**真假邪說**—西藏密宗索達吉喇嘛《破除邪說論》真是邪說
釋正安法師著　回郵 35 元
25.**真假開悟**—真如、如來藏、阿賴耶識間之關係　平實導師述著　回郵 35 元
26.**真假禪和**—辨正釋傳聖之謗法謬說　孫正德老師著　回郵 30 元

27.**眼見佛性**—駁慧廣法師眼見佛性的含義文中謬說
游正光老師著　回郵 25 元
28.**普門自在**—公案拈提集錦 第二輯（於平實導師公案拈提諸書中選錄約二十則，合輯爲一冊流通之）平實導師著　回郵 25 元
29.**印順法師的悲哀**—以現代禪的質疑為線索　恒毓博士著　回郵 25 元
30.**識蘊真義**—現觀識蘊內涵、取證初果、親斷三縛結之具體行門。
—依《成唯識論》及《唯識述記》正義，略顯安慧《大乘廣五蘊論》之邪謬
平實導師著　回郵 35 元
31.**正覺電子報** 各期紙版本　免附回郵　每次最多函索三期或三本。
（已無存書之較早各期，不另增印贈閱）
32.**現代人應有的宗教觀**　蔡正禮老師 著　回郵 3.5 元
33.**遠惑趣道**—正覺電子報般若信箱問答錄　第一輯　回郵 20 元
34.**遠惑趣道**—正覺電子報般若信箱問答錄　第二輯　回郵 20 元
35.**確保您的權益**—器官捐贈應注意自我保護　游正光老師 著　回郵 10 元
36.**正覺教團電視弘法三乘菩提 DVD 光碟（一）**
由正覺教團多位親教師共同講述錄製 DVD 8 片，MP3 一片，共 9 片。有二大講題：一爲「三乘菩提之意涵」，二爲「學佛的正知見」。內容精闢，深入淺出，精彩絕倫，幫助大眾快速建立三乘法道的正知見，免被外道邪見所誤導。有志修學三乘佛法之學人不可不看。（製作工本費 100 元，回郵 25 元）
37.**正覺教團電視弘法 DVD 專輯（二）**
總有二大講題：一爲「三乘菩提之念佛法門」，一爲「學佛正知見（第二篇）」，由正覺教團多位親教師輪番講述，內容詳細闡述如何修學念佛法門、實證念佛三昧，以及學佛應具有的正確知見，可以幫助發願往生西方極樂淨土之學人，得以把握往生，更可令學人快速建立三乘法道的正知見，免於被外道邪見所誤導。有志修學三乘佛法之學人不可不看。（一套 17 片，工本費 160 元。回郵 35 元）
38.**佛藏經** 燙金精裝本 每冊回郵 20 元。正修佛法之道場欲大量索取者，請正式發函並蓋用大印寄來索取（2008.04.30 起開始敬贈）
39.**喇嘛性世界**—揭開假藏傳佛教譚崔瑜伽的面紗　張善思 等人合著
由正覺同修會購贈　回郵 20 元
40.**假藏傳佛教的神話**—性、謊言、喇嘛教　張正玄教授編著　回郵 20 元
由正覺同修會購贈　回郵 20 元
41.**隨 緣**—理隨緣與事隨緣　平實導師述　回郵 20 元。
42.**學佛的覺醒**　正枝居士 著　回郵 25 元
43.**導師之真實義**　蔡正禮老師 著　回郵 10 元
44.**淺談達賴喇嘛之雙身法**—兼論解讀「密續」之達文西密碼
吳明芷居士 著　回郵 10 元
45.**魔界轉世**　張正玄居士 著　回郵 10 元
46.**一貫道與開悟**　蔡正禮老師 著　回郵 10 元

47.**博愛**—愛盡天下女人　正覺教育基金會 編印　回郵10元

48.**意識虛妄經教彙編**—實證解脫道的關鍵經文　正覺同修會編印　回郵25元

49.**邪箭囈語**—破斥藏密外道多識仁波切《破魔金剛箭雨論》之邪說
陸正元老師著　上、下冊回郵各30元

50.**真假沙門**—依 佛聖教闡釋佛教僧寶之定義
蔡正禮老師著　俟正覺電子報連載後結集出版

51.**真假禪宗**—藉評論釋性廣《印順導師對變質禪法之批判
及對禪宗之肯定》以顯示真假禪宗
附論一：凡夫知見 無助於佛法之信解行證
附論二：世間與出世間一切法皆從如來藏實際而生而顯
余正偉老師著　俟正覺電子報連載後結集出版　回郵未定

52.**假鋒虛焰金剛乘**—揭示顯密正理，兼破索達吉師徒《般若鋒兮金剛焰》。
釋正安 法師著　俟正覺電子報連載後結集出版

★ 上列贈書之郵資，係台灣本島地區郵資，大陸、港、澳地區及外國地區，請另計酌增（大陸、港、澳、國外地區之郵票不許通用）。尚未出版之書，請勿先寄來郵資，以免增加作業煩擾。

★ 本目錄若有變動，唯於後印之書籍及「成佛之道」網站上修正公佈之，不另行個別通知。

**函索書籍**請寄：佛教正覺同修會　103台北市承德路3段277號9樓
台灣地區函索書籍者請附寄郵票，無時間購買郵票者可以等值現金抵用，但不接受郵政劃撥、支票、匯票。大陸地區得以人民幣計算，國外地區請以美元計算（請勿寄來當地郵票，在台灣地區不能使用）。欲以掛號寄遞者，請另附掛號郵資。

**親自索閱**：正覺同修會各共修處。　★請於共修時間前往取書，餘時無人在道場，請勿前往索取；共修時間與地點，詳見書末正覺同修會共修現況表（以近期之共修現況表爲準）。

**註**：正智出版社發售之局版書，請向各大書局購閱。若書局之書架上已經售出而無陳列者，請向書局櫃台指定洽購；若書局不便代購者，請於正覺同修會共修時間前往各共修處請購，正智出版社已派人於共修時間送書前往各共修處流通。　郵政劃撥購書及 大陸地區 購書，請詳別頁正智出版社發售書籍目錄最後頁之說明。

**成佛之道 網站**：http://www.a202.idv.tw　正覺同修會已出版之結緣書籍，多已登載於 成佛之道 網站，若住外國、或住處遙遠，不便取得正覺同修會贈閱書籍者，可以從本網站閱讀及下載。　書局版之《宗通與說通》亦已上網，台灣讀者可向書局洽購，售價300元。《狂密與眞密》第一輯~第四輯，亦於 2003.5.1.全部於本網站登載完畢；台灣地區讀者請向書局洽購，每輯約400頁，售價300元（網站下載紙張費用較貴，容易散失，難以保存，亦較不精美）。

**＊＊假藏傳佛教修雙身法，非佛教＊＊**

## 正智出版社 籌募弘法基金發售書籍目錄 2016/8/8

1.**宗門正眼**—公案拈提 第一輯 重拈 平實導師著 500元
因重寫內容大幅度增加故，字體必須改小，並增爲576頁 主文546頁。比初版更精彩、更有內容。初版《禪門摩尼寶聚》之讀者，可寄回本公司免費調換新版書。免附回郵，亦無截止期限。（2007年起，每冊附贈本公司精製公案拈提〈超意境〉CD一片。市售價格280元，多購多贈。）
2.**禪淨圓融** 平實導師著 200元（第一版舊書可換新版書。）
3.**真實如來藏** 平實導師著 400元
4.**禪—悟前與悟後** 平實導師著 上、下冊，每冊250元
5.**宗門法眼**—公案拈提 第二輯 平實導師著 500元
（2007年起，每冊附贈本公司精製公案拈提〈超意境〉CD一片）
6.**楞伽經詳解** 平實導師著 全套共10輯 每輯250元
7.**宗門道眼**—公案拈提 第三輯 平實導師著 500元
（2007年起，每冊附贈本公司精製公案拈提〈超意境〉CD一片）
8.**宗門血脈**—公案拈提 第四輯 平實導師著 500元
（2007年起，每冊附贈本公司精製公案拈提〈超意境〉CD一片）
9.**宗通與說通**—成佛之道 平實導師著 主文381頁 全書400頁售價300元
10.**宗門正道**—公案拈提 第五輯 平實導師著 500元
（2007年起，每冊附贈本公司精製公案拈提〈超意境〉CD一片）
11.**狂密與真密 一～四輯** 平實導師著 西藏密宗是人間最邪淫的宗教，本質不是佛教，只是披著佛教外衣的印度教性力派流毒的喇嘛教。此書中將西藏密宗密傳之男女雙身合修樂空雙運所有祕密與修法，毫無保留完全公開，並將全部喇嘛們所不知道的部分也一併公開。內容比大辣出版社喧騰一時的《西藏慾經》更詳細。並且函蓋藏密的所有祕密及其錯誤的中觀見、如來藏見……等，藏密的所有法義都在書中詳述、分析、辨正。每輯主文三百餘頁 每輯全書約400頁 售價每輯300元
12.**宗門正義**—公案拈提 第六輯 平實導師著 500元
（2007年起，每冊附贈本公司精製公案拈提〈超意境〉CD一片）
13.**心經密意**—心經與解脫道、佛菩提道、祖師公案之關係與密意 平實導師述 300元
14.**宗門密意**—公案拈提 第七輯 平實導師著 500元
（2007年起，每冊附贈本公司精製公案拈提〈超意境〉CD一片）
15.**淨土聖道**—兼評「選擇本願念佛」 正德老師著 200元
16.**起信論講記** 平實導師述著 共六輯 每輯三百餘頁 售價各250元
17.**優婆塞戒經講記** 平實導師述著 共八輯 每輯三百餘頁 售價各250元
18.**真假活佛**—略論附佛外道盧勝彥之邪說（對前岳靈犀網站主張「盧勝彥是證悟者」之修正） 正犀居士（岳靈犀）著 流通價140元
19.**阿含正義**—唯識學探源 平實導師著 共七輯 每輯300元

20.**超意境** CD 以平實導師公案拈提書中超越意境之頌詞，加上曲風優美的旋律，錄成令人嚮往的超意境歌曲，其中包括正覺發願文及平實導師親自譜成的黃梅調歌曲一首。詞曲雋永，殊堪翫味，可供學禪者吟詠，有助於見道。內附設計精美的彩色小冊，解說每一首詞的背景本事。每片 280 元。【每購買公案拈提書籍一冊，即贈送一片。】

21.**菩薩底憂鬱** CD 將菩薩情懷及禪宗公案寫成新詞，並製作成超越意境的優美歌曲。 1.主題曲〈菩薩底憂鬱〉，描述地後菩薩能離三界生死而迴向繼續生在人間，但因尚未斷盡習氣種子而有極深沈之憂鬱，非三賢位菩薩及二乘聖者所知，此憂鬱在七地滿心位方才斷盡；本曲之詞中所說義理極深，昔來所未曾見；此曲係以優美的情歌風格寫詞及作曲，聞者得以激發嚮往諸地菩薩境界之大心，詞、曲都非常優美，難得一見；其中勝妙義理之解說，已印在附贈之彩色小冊中。 2.以各輯公案拈提中直示禪門入處之頌文，作成各種不同曲風之超意境歌曲，值得玩味、參究；聆聽公案拈提之優美歌曲時，請同時閱讀內附之印刷精美說明小冊，可以領會超越三界的證悟境界；未悟者可以因此引發求悟之意向及疑情，眞發菩提心而邁向求悟之途，乃至因此眞實悟入般若，成眞菩薩。 3.正覺總持咒新曲，總持佛法大意；總持咒之義理，已加以解說並印在隨附之小冊中。本 CD 共有十首歌曲，長達 63 分鐘。每盒各附贈二張購書優惠券。每片 280 元。

22.**禪意無限** CD 平實導師以公案拈提書中偈頌寫成不同風格曲子，與他人所寫不同風格曲子共同錄製出版，幫助參禪人進入禪門超越意識之境界。盒中附贈彩色印製的精美解說小冊，以供聆聽時閱讀，令參禪人得以發起參禪之疑情，即有機會證悟本來面目而發起實相智慧，實證大乘菩提般若，能如實證知般若經中的眞實意。本 CD 共有十首歌曲，長達 69 分鐘，每盒各附贈二張購書優惠券。每片 280 元。

23.**我的菩提路**第一輯　釋悟圓、釋善藏等人合著　售價 300 元

24.**我的菩提路**第二輯　郭正益、張志成等人合著　售價 300 元

25.**鈍鳥與靈龜**—考證後代凡夫對大慧宗杲禪師的無根誹謗。
平實導師著 共 458 頁 售價 350 元

26.**維摩詰經講記** 平實導師述 共六輯 每輯三百餘頁 售價各 250 元

27.**真假外道**—破劉東亮、杜大威、釋證嚴常見外道見 正光老師著 200 元

28.**勝鬘經講記**—兼論印順《勝鬘經講記》對於《勝鬘經》之誤解。
平實導師述　共六輯　每輯三百餘頁　售價 250 元

29.**楞嚴經講記** 平實導師述 共 **15** 輯，每輯三百餘頁 售價 300 元

30.**明心與眼見佛性**—駁慧廣〈蕭氏「眼見佛性」與「明心」之非〉文中謬說
正光老師著　共 448 頁　售價 300 元

31.**見性與看話頭** 黃正倖老師 著，本書是禪宗參禪的方法論。
內文 375 頁，全書 416 頁，售價 300 元。

32.**達賴真面目**—玩盡天下女人 白正偉老師 等著 中英對照彩色精裝大本 800 元

33.**喇嘛性世界**—揭開假藏傳佛教譚崔瑜伽的面紗　張善思 等人著　200 元
34.**假藏傳佛教的神話**—性、謊言、喇嘛教　正玄教授編著　200 元
35.**金剛經宗通**　平實導師述　共九輯　每輯售價 250 元。
36.**空行母**—性別、身分定位，以及藏傳佛教。
珍妮・坎貝爾著 呂艾倫 中譯 售價 250 元
37.**末代達賴**—性交教主的悲歌　張善思、呂艾倫、辛燕編著 售價 250 元
38.**霧峰無霧**—給哥哥的信　辨正釋印順對佛法的無量誤解
游宗明 老師著　售價 250 元
39.**第七意識與第八意識？**—穿越時空「超意識」
平實導師述　每冊 300 元
40.**黯淡的達賴**—失去光彩的諾貝爾和平獎
正覺教育基金會編著　每冊 250 元
41.**童女迦葉考**—論呂凱文〈佛教輪迴思想的論述分析〉之謬。
平實導師 著 定價 180 元
42.**人間佛教**—實證者必定不悖三乘菩提
平實導師 述，定價 400 元
43.**實相經宗通**　平實導師述　共八輯　每輯 250 元
44.**真心告訴您(一)**—達賴喇嘛在幹什麼？
正覺教育基金會編著　售價 250 元
45.**中觀金鑑**—詳述應成派中觀的起源與其破法本質
孫正德老師著　分爲上、中、下三冊，每冊 250 元
46.**佛法入門**—迅速進入三乘佛法大門，消除久學佛法漫無方向之窘境。
○○居士著　將於正覺電子報連載後出版。售價 250 元
47.**藏傳佛教要義**—《狂密與真密》之簡體字版　平實導師 著 上、下冊
僅在大陸流通　每冊 300 元
48.**法華經講義**　平實導師述　共二十五輯　每輯 300 元
已於 2015/05/31 起開始出版，每二個月出版一輯
49.**西藏「活佛轉世」制度**—附佛、造神、世俗法
許正豐、張正玄老師合著　定價 150 元
50.**廣論三部曲**　郭正益老師著　定價 150 元
51.**真心告訴您(二)**—達賴喇嘛是佛教僧侶嗎？
—補祝達賴喇嘛八十大壽
正覺教育基金會編著　售價 300 元
52.**廣論之平議**—宗喀巴《菩提道次第廣論》之平議　正雄居士著
約二或三輯　俟正覺電子報連載後結集出版　書價未定
53.**末法導護**—對印順法師中心思想之綜合判攝　正慶老師著　書價未定
54.**菩薩學處**—菩薩四攝六度之要義　陸正元老師著　出版日期未定。
55.**八識規矩頌**詳解　○○居士 註解　出版日期另訂　書價未定。
56.**印度佛教史**—法義與考證。依法義史實評論印順《印度佛教思想史、佛教史地考論》之謬說　正偉老師著　出版日期未定　書價未定

57.**中國佛教史**—依中國佛教正法史實而論。 ○○老師 著　書價未定。
58.**中論正義**—釋龍樹菩薩《中論》頌正理。
孫正德老師著　出版日期未定　書價未定
59.**中觀正義**—註解平實導師《中論正義頌》。
○○法師（居士）著　出版日期未定　書價未定
60.**佛藏經講記**　平實導師述　出版日期未定　書價未定
61.**阿含經講記**—將選錄四阿含中數部重要經典全經講解之，講後整理出版。
平實導師述　約二輯　每輯300元　出版日期未定
62.**寶積經講記**　平實導師述　每輯三百餘頁 優惠價300元 出版日期未定
63.**解深密經講記**　平實導師述 約四輯　將於重講後整理出版
64.**成唯識論略解**　平實導師著　五～六輯　每輯300元　出版日期未定
65.**修習止觀坐禪法要講記**　平實導師述　每輯三百餘頁
將於正覺寺建成後重講、以講記逐輯出版　出版日期未定
66.**無門關**—《無門關》公案拈提　平實導師著　出版日期未定
67.**中觀再論**—兼述印順《中觀今論》謬誤之平議。正光老師著 出版日期未定
68.**輪迴與超度**—佛教超度法會之真義。
○○法師（居士）著　出版日期未定　書價未定
69.**《釋摩訶衍論》平議**—對偽稱龍樹所造《釋摩訶衍論》之平議
○○法師（居士）著　出版日期未定　書價未定
70.**正覺發願文**註解—以真實大願為因 得證菩提
正德老師著　出版日期未定　書價未定
71.**正覺總持咒**—佛法之總持　正圜老師著　出版日期未定　書價未定
72.**涅槃**—論四種涅槃　平實導師著　出版日期未定　書價未定
73.**三自性**—依四食、五蘊、十二因緣、十八界法，說三性三無性。
作者未定　出版日期未定
74.**道品**—從三自性說大小乘三十七道品　作者未定　出版日期未定
75.**大乘緣起觀**—依四聖諦七真如現觀十二緣起 作者未定　出版日期未定
76.**三德**—論解脫德、法身德、般若德。　作者未定　出版日期未定
77.**真假如來藏**—對印順《如來藏之研究》謬說之平議　作者未定 出版日期未定
78.**大乘道次第**　作者未定　出版日期未定　書價未定
79.**四緣**—依如來藏故有四緣。　作者未定　出版日期未定
80.**空之探究**—印順《空之探究》謬誤之平議　作者未定 出版日期未定
81.**十法義**—論阿含經中十法之正義　作者未定　出版日期未定
82.**外道見**—論述外道六十二見　作者未定　出版日期未定

# 正智出版社有限公司書籍介紹

**禪淨圓融**：言淨土諸祖所未曾言，示諸宗祖師所未曾示；禪淨圓融，另闢成佛捷徑，兼顧自力他力，闡釋淨土門之速行易行道，亦同時揭櫫聖教門之速行易行道；令廣大淨土行者得免緩行難證之苦，亦令聖道門行者得以藉著淨土速行道而加快成佛之時劫。乃前無古人之超勝見地，非一般弘揚禪淨法門典籍也，先讀為快。平實導師著200元。

**宗門正眼**—**公案拈提**第一輯：繼承克勤圜悟大師碧巖錄宗旨之禪門鉅作。先則舉示當代大法師之邪說，消弭當代禪門大師鄉愿之心態，摧破當今禪門「世俗禪」之妄談；次則旁通教法，表顯宗門正理；繼以道之次第，消弭古今狂禪；後藉言語及文字機鋒，直示宗門入處。悲智雙運，禪味十足，數百年來難得一睹之禪門鉅著也。平實導師著　500元（原初版書《禪門摩尼寶聚》，改版後補充為五百餘頁新書，總計多達二十四萬字，內容更精彩，並改名為《宗門正眼》，讀者原購初版《禪門摩尼寶聚》皆可寄回本公司免費換新，免附回郵，亦無截止期限）（2007年起，凡購買公案拈提第一輯至第七輯，每購一輯皆贈送本公司精製公案拈提〈超意境〉CD一片，市售價格280元，多購多贈）。

**禪—悟前與悟後**：本書能建立學人悟道之信心與正確知見，圓滿具足而有次第地詳述禪悟之功夫與禪悟之內容，指陳參禪中細微淆訛之處，能使學人明自眞心、見自本性。若未能悟入，亦能以正確知見辨別古今中外一切大師究係眞悟？或屬錯悟？便有能力揀擇，捨名師而選明師，後時必有悟道之緣。一旦悟道，遲者七次人天往返，便出三界，速者一生取辦。學人欲求開悟者，不可不讀。平實導師著。上、下冊共500元，單冊250元。

**眞實如來藏**：如來藏眞實存在，乃宇宙萬有之本體，並非印順法師、達賴喇嘛等人所說之「唯有名相、無此心體」。如來藏是涅槃之本際，是一切有智之人竭盡心智、不斷探索而不能得之生命實相；是古今中外許多大師自以爲悟而當面錯過之生命實相。如來藏即是阿賴耶識，乃是一切有情本自具足、不生不滅之眞實心。當代中外大師於此書出版之前所未能言者，作者於本書中盡情流露、詳細闡釋。眞悟者讀之，必能增益悟境、智慧增上；錯悟者讀之，必能檢討自己之錯誤，免犯大妄語業；未悟者讀之，能知參禪之理路，亦能以之檢查一切名師是否眞悟。此書是一切哲學家、宗教家、學佛者及欲昇華心智之人必讀之鉅著。平實導師著 售價400元。

**宗門法眼**—**公案拈提**第二輯：列舉實例，闡釋土城廣欽老和尚之悟處；並直示這位不識字的老和尚妙智橫生之根由，繼而剖析禪宗歷代大德之開悟公案，解析當代密宗高僧卡盧仁波切之錯悟證據，並例舉當代顯宗高僧、大居士之錯悟證據（凡健在者，爲免影響其名聞利養，皆隱其名）。藉辨正當代名師之邪見，向廣大佛子指陳禪悟之正道，彰顯宗門法眼。悲勇兼出，強捋虎鬚；慈智雙運，巧探驪龍；摩尼寶珠在手，直示宗門入處，禪味十足；若非大悟徹底，不能爲之。禪門精奇人物，允宜人手一冊，供作參究及悟後印證之圭臬。本書於2008年4月改版，增寫為大約500頁篇幅，以利學人研讀參究時更易悟入宗門正法，以前所購初版首刷及初版二刷舊書，皆可免費換取新書。平實導師著 500元（2007年起，凡購買公案拈提第一輯至第七輯，每購一輯皆贈送本公司精製公案拈提〈超意境〉CD一片，市售價格280元，多購多贈）。

**宗門道眼**—**公案拈提**第三輯：繼宗門法眼之後，再以金剛之作略、慈悲之胸懷、犀利之筆觸，舉示寒山、拾得、布袋三大士之悟處，消弭當代錯悟者對於寒山大士……等之誤會及誹謗。亦舉出民初以來與虛雲和尚齊名之蜀郡鹽亭袁煥仙夫子——南懷瑾老師之師，其「悟處」何在？並蒐羅許多眞悟祖師之證悟公案，顯示禪宗歷代祖師之睿智，指陳部分祖師、奧修及當代顯密大師之謬悟，作爲殷鑑，幫助禪子建立及修正參禪之方向及知見。假使讀者閱此書已，一時尚未能悟，亦可一面加功用行，一面以此宗門道眼辨別眞假善知識，避開錯誤之印證及歧路，可免大妄語業之長劫慘痛果報。欲修禪宗之禪者，務請細讀。平實導師著 售價500元（2007年起，凡購買公案拈提第一輯至第七輯，每購一輯皆贈送本公司精製公案拈提〈超意境〉CD一片，市售價格280元，多購多贈）。

**楞伽經詳解**：本經是禪宗見道者印證所悟眞僞之根本經典，亦是禪宗見道者悟後起修之依據經典；故達摩祖師於印證二祖慧可大師之後，將此經典連同佛鉢祖衣一併交付二祖，令其依此經典佛示金言、進入修道位，修學一切種智。由此可知此經對於眞悟之人修學佛道，是非常重要之一部經典。此經能破外道邪說，亦破佛門中錯悟名師之謬說，亦破禪宗部分祖師之狂禪：不讀經典、一向主張「一悟即成究竟佛」之謬執。並開示愚夫所行禪、觀察義禪、攀緣如禪、如來禪等差別，令行者對於三乘禪法差異有所分辨；亦糾正禪宗祖師古來對於如來禪之誤解，嗣後可免以訛傳訛之弊。此經亦是法相唯識宗之根本經典，禪者悟後欲修一切種智而入初地者，必須詳讀。平實導師著，全套共十輯，已全部出版完畢，每輯主文約320頁，每冊約352頁，定價250元。

**宗門血脈**—**公案拈提第四輯**：末法怪象—許多修行人自以爲悟，每將無念靈知認作眞實；崇尙二乘法諸師及其徒眾，則將外於如來藏之緣起性空—無因論之無常空、斷滅空、一切法空—錯認爲佛所說之般若空性。這兩種現象已於當今海峽兩岸及美加地區顯密大師之中普遍存在；人人自以爲悟，心高氣壯，便敢寫書解釋祖師證悟之公案，大多出於意識思惟所得，言不及義，錯誤百出，因此誤導廣大佛子同陷大妄語之地獄業中而不能自知。彼等書中所說之悟處，其實處處違背第一義經典之聖言量。彼等諸人不論是否身披袈裟，都非佛法宗門血脈，或雖有禪宗法脈之傳承，亦只徒具形式；猶如螟蛉，非眞血脈，未悟得根本眞實故。禪子欲知佛、祖之眞血脈者，請讀此書，便知分曉。平實導師著，主文452頁，全書464頁，定價500元（2007年起，凡購買公案拈提第一輯至第七輯，每購一輯皆贈送本公司精製公案拈提〈超意境〉CD一片，市售價格280元，多購多贈）。

**宗通與說通**：古今中外，錯誤之人如麻似粟，每以常見外道所說之靈知心，認作眞心；或妄想虛空之勝性能量爲眞如，或錯認物質四大元素藉冥性（靈知心本體）能成就吾人色身及知覺，或認初禪至四禪中之了知心爲不生不滅之涅槃心。此等皆非通宗者之見地。復有錯悟之人一向主張「宗門與教門不相干」，此即尚未通達宗門之人也。其實宗門與教門互通不二，宗門所證者乃是眞如與佛性，教門所說者乃說宗門證悟之眞如佛性，故教門與宗門不二。本書作者以宗教二門互通之見地，細說「宗通與說通」，從初見道至悟後起修之道、細說分明；並將諸宗諸派在整體佛教中之地位與次第，加以明確之教判，學人讀之即可了知佛法之梗概也。欲擇明師學法之前，允宜先讀。平實導師著，主文共381頁，全書392頁，只售成本價300元。

**宗門正道**—公案拈提第五輯：修學大乘佛法有二果須證解脫果及大菩提果。二乘人不證大菩提果，唯證解脫果；此果之智慧，名爲聲聞菩提、緣覺菩提。大乘佛子所證二果之菩提果爲佛菩提，故名大菩提果，其慧名爲一切種智函蓋二乘解脫果。然此大乘二果修證，須經由禪宗之宗門證悟方能相應。而宗門證悟極難，自古已然；其所以難者，咎在古今佛教界普遍存在三種邪見：1.以修定認作佛法，2.以無因論之緣起性空—否定涅槃本際如來藏以後之一切法空作爲佛法，3.以常見外道邪見（離語言妄念之靈知性）作爲佛法。如是邪見，或因自身正見未立所致，或因邪師之邪教導所致，或因無始劫來虛妄熏習所致。若不破除此三種邪見，永劫不悟宗門眞義、不入大乘正道，唯能外門廣修菩薩行。平實導師於此書中，有極爲詳細之說明，有志佛子欲摧邪見、入於內門修菩薩行者，當閱此書。主文共496頁，全書512頁。售價500元（2007年起，凡購買公案拈提第一輯至第七輯，每購一輯皆贈送本公司精製公案拈提〈超意境〉CD一片，市售價格280元，多購多贈）。

**狂密與眞密**：密教之修學，皆由有相之觀行法門而入，其最終目標仍不離顯教經典所說第一義諦之修證；若離顯教第一義經典、或違背顯教第一義經典，即非佛教。西藏密教之觀行法，如灌頂、觀想、遷識法、寶瓶氣、大聖歡喜雙身修法、喜金剛、無上瑜伽、大樂光明、樂空雙運等，皆是印度教兩性生生不息思想之轉化，自始至終皆以如何能運用交合淫樂之法達到全身受樂爲其中心思想，純屬欲界五欲的貪愛，不能令人超出欲界輪迴，更不能令人斷除我見；何況大乘之明心與見性，更無論矣！故密宗之法絕非佛法也。而其明光大手印、大圓滿法教，又皆同以常見外道所說離語言妄念之無念靈知心錯認爲佛地之眞如，不能直指不生不滅之眞如。西藏密宗所有法王與徒眾，都尚未開頂門眼，不能辨別眞僞，以依人不依法、依密續不依經典故，不肯將其上師喇嘛所說對照第一義經典，純依密續之藏密祖師所說爲準，因此而誇大其證德與證量，動輒謂彼祖師上師爲究竟佛、爲地上菩薩；如今台海兩岸亦有自謂其師證量高於 釋迦文佛者，然觀其師所述，猶未見道，仍在觀行即佛階段，尚未到禪宗相似即佛、分證即佛階位，竟敢標榜爲究竟佛及地上法王，誑惑初機學人。凡此怪象皆是狂密，不同於眞密之修行者。近年狂密盛行，密宗行者被誤導者極眾，動輒自謂已證佛地眞如，自視爲究竟佛，陷於大妄語業中而不知自省，反謗顯宗眞修實證者之證量粗淺；或如義雲高與釋性圓…等人，於報紙上公然誹謗眞實證道者爲「騙子、無道人、人妖、癩蛤蟆…」等，造下誹謗大乘勝義僧之大惡業；或以外道法中有爲有作之甘露、魔術……等法，誑騙初機學人，狂言彼外道法爲眞佛法。如是怪象，在西藏密宗及附藏密之外道中，不一而足，舉之不盡，學人宜應愼思明辨，以免上當後又犯毀破菩薩戒之重罪。密宗學人若欲遠離邪知邪見者，請閱此書，即能了知密宗之邪謬，從此遠離邪見與邪修，轉入眞正之佛道。

平實導師著 共四輯 每輯約400頁（主文約340頁）每輯售價300元。

**宗門正義**—公案拈提第六輯：佛教有六大危機，乃是藏密化、世俗化、膚淺化、學術化、宗門密意失傳、悟後進修諸地之次第混淆；其中尤以宗門密意之失傳，爲當代佛教最大之危機。由宗門密意失傳故，易令世尊本懷普被錯解，易令世尊正法被轉易爲外道法，以及加以淺化、世俗化，是故宗門密意之廣泛弘傳與具緣佛弟子，極爲重要。然而欲令宗門密意之廣泛弘傳予具緣之佛弟子者，必須同時配合錯誤知見之解析、普令佛弟子知之，然後輔以公案解析之直示入處，方能令具緣之佛弟子悟入。而此二者，皆須以公案拈提之方式爲之，方易成其功、竟其業，是故平實導師續作宗門正義一書，以利學人。全書500餘頁，售價500元（2007年起，凡購買公案拈提第一輯至第七輯，每購一輯皆贈送本公司精製公案拈提〈超意境〉CD一片，市售價格280元，多購多贈）。

**心經密意**—心經與解脫道、佛菩提道、祖師公案之關係與密意。二乘菩提所證之解脫道，實依第八識心之斷除煩惱障現行而立解脫之名；大乘菩提所證之佛菩提道，實依親證第八識如來藏之涅槃性、清淨自性、及其中道性而立般若之名；禪宗祖師公案所證之眞心，即是此第八識如來藏；是故三乘佛法所修所證之三乘菩提，皆依此如來藏心而立名也。此第八識心，即是《心經》所說之心也。證得此如來藏已，即能漸入大乘佛菩提道，亦可因證知此心而了知二乘無學所不能知之無餘涅槃本際，是故《心經》之密意，與三乘佛菩提之關係極爲密切、不可分割，三乘佛法皆依此心而立名故。今者平實導師以其所證解脫道之無生智及佛菩提之般若種智，將《心經》與解脫道、佛菩提道、祖師公案之關係與密意，以演講之方式，用淺顯之語句和盤托出，發前人所未言，呈三乘菩提之眞義，令人藉此《心經密意》一舉而窺三乘菩提之堂奧，迥異諸方言不及義之說；欲求眞實佛智者、不可不讀！主文317頁，連同跋文及序文…等共384頁，售價300元。

**宗門密意**—公案拈提第七輯：佛教之世俗化，將導致學人以信仰作爲學佛，則將以感應及世間法之庇祐，作爲學佛之主要目標，不能了知學佛之主要目標爲親證三乘菩提。大乘菩提則以般若實相智慧爲主要修習目標，以二乘菩提解脫道爲附帶修習之標的；是故學習大乘法者，應以禪宗之證悟爲要務，能親入大乘菩提之實相般若智慧中故，般若實相智慧非二乘聖人所能知故。此書則以台灣世俗化佛教之三大法師，說法似是而非之實例，配合眞悟祖師之公案解析，提示證悟般若之關節，令學人易得悟入。平實導師著，全書五百餘頁，售價500元（2007年起，凡購買公案拈提第一輯至第七輯，每購一輯皆贈送本公司精製公案拈提〈超意境〉CD一片，市售價格280元，多購多贈）。

**淨土聖道**—兼評日本本願念佛：佛法甚深極廣，般若玄微，非諸二乘聖僧所能知之，一切凡夫更無論矣！所謂一切證量皆歸淨土是也！是故大乘法中「聖道之淨土、淨土之聖道」，其義甚深，難可了知；乃至眞悟之人，初心亦難知也。今有正德老師眞實證悟後，復能深探淨土與聖道之緊密關係，憐憫眾生之誤會淨土實義，亦欲利益廣大淨土行人同入聖道，同獲淨土中之聖道門要義，乃振奮心神、書以成文，今得刊行天下。主文279頁，連同序文等共301頁，總有十一萬六千餘字，正德老師著，成本價200元。

**起信論講記**：詳解大乘起信論**心生滅門**與**心眞如門**之眞實意旨，消除以往大師與學人對起信論所說**心生滅門**之誤解，由是而得了知眞心如來藏之非常非斷中道正理；亦因此一講解，令此論以往隱晦而被誤解之眞實義，得以如實顯示，令大乘佛菩提道之正理得以顯揚光大；初機學者亦可藉此正論所顯示之法義，對大乘法理生起正信，從此得以眞發菩提心，眞入大乘法中修學，世世常修菩薩正行。平實導師演述，共六輯，都已出版，每輯三百餘頁，售價250元。

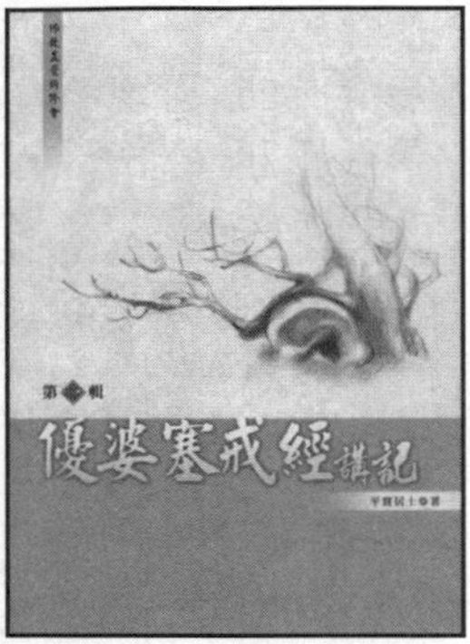


**優婆塞戒經講記**：本經詳述在家菩薩修學大乘佛法，應如何受持菩薩戒？對人間善行應如何看待？對三寶應如何護持？應如何正確地修集此世後世證法之福德？應如何修集後世「行菩薩道之資糧」？並詳述第一義諦之正義：五蘊非我非異我、自作自受、異作異受、不作不受……等深妙法義，乃是修學大乘佛法、行菩薩行之在家菩薩所應當了知者。出家菩薩今世或未來世登地已，捨報之後多數將如華嚴經中諸大菩薩，以在家菩薩身而修行菩薩行，故亦應以此經所述正理而修之，配合《楞伽經、解深密經、楞嚴經、華嚴經》等道次第正理，方得漸次成就佛道；故此經是一切大乘行者皆應證知之正法。平實導師講述，每輯三百餘頁，售價各250元；共八輯，已全部出版。

**真假活佛**—略論附佛外道盧勝彥之邪說：人人身中都有眞活佛，永生不滅而有大神用，但眾生都不了知，所以常被身外的西藏密宗假活佛籠罩欺瞞。本來就眞實存在的眞活佛，才是眞正的密宗無上密！諾那活佛因此而說禪宗是大密宗，但藏密的所有活佛都不知道、也不曾實證自身中的眞活佛。本書詳實宣示眞活佛的道理，舉證盧勝彥的「佛法」不是眞佛法，也顯示盧勝彥是假活佛，直接的闡釋第一義佛法見道的眞實正理。眞佛宗的所有上師與學人們，都應該詳細閱讀，包括盧勝彥個人在內。正犀居士著，優惠價140元。

**阿含正義**—唯識學探源：廣說四大部《阿含經》諸經中隱說之眞正義理，一一舉示佛陀本懷，令阿含時期初轉法輪根本經典之眞義，如實顯現於佛子眼前。並提示末法大師對於阿含眞義誤解之實例，一一比對之，證實唯識增上慧學確於原始佛法之阿含諸經中已隱覆密意而略說之，證實 世尊確於原始佛法中已曾密意而說第八識如來藏之總相；亦證實 世尊在四阿含中已說此藏識是名色十八界之因、之本—證明如來藏是能生萬法之根本心。佛子可據此修正以往受諸大師（譬如西藏密宗應成派中觀師：印順、昭慧、性廣、大願、達賴、宗喀巴、寂天、月稱、……等人）誤導之邪見，建立正見，轉入正道乃至親證初果而無困難；書中並詳說三果所證的**心解脫**，以及四果**慧解脫**的親證，都是如實可行的具體知見與行門。全書共七輯，已出版完畢。平實導師著，每輯三百餘頁，售價300元。

**超意境CD**：以平實導師公案拈提書中超越意境之頌詞，加上曲風優美的旋律，錄成令人嚮往的超意境歌曲，其中包括正覺發願文及平實導師親自譜成的黃梅調歌曲一首。詞曲雋永，殊堪翫味，可供學禪者吟詠，有助於見道。內附設計精美的彩色小冊，解說每一首詞的背景本事。每片280元。【每購買公案拈提書籍一冊，即贈送一片。】

**鈍鳥與靈龜**：鈍鳥及靈龜二物，被宗門證悟者說爲二種人：前者是精修禪定而無智慧者，也是以定爲禪的愚癡禪人；後者是或有禪定、或無禪定的宗門證悟者，凡已證悟者皆是靈龜。但後來被人虛造事實，用以嘲笑大慧宗杲禪師，說他雖是靈龜，卻不免被天童禪師預記「患背」痛苦而亡：「鈍鳥離巢易，靈龜脫殼難。」藉以貶低大慧宗杲的證量。同時將天童禪師實證如來藏的證量，曲解爲意識境界的離念靈知。自從大慧禪師入滅以後，錯悟凡夫對他的不實毀謗就一直存在著，不曾止息，並且捏造的假事實也隨著年月的增加而越來越多，終至編成「鈍鳥與靈龜」的假公案、假故事。本書是考證大慧與天童之間的不朽情誼，顯現這件假公案的虛妄不實；更見大慧宗杲面對惡勢力時的正直不阿，亦顯示大慧對天童禪師的至情深義，將使後人對大慧宗杲的誣謗至此而止，不再有人誤犯毀謗賢聖的惡業。書中亦舉證宗門的所悟確以第八識如來藏爲標的，詳讀之後必可改正以前被錯悟大師誤導的參禪知見，日後必定有助於實證禪宗的開悟境界，得階大乘眞見道位中，即是實證般若之賢聖。全書459頁，售價350元。

**我的菩提路**第一輯：凡夫及二乘聖人不能實證的佛菩提證悟，末法時代的今天仍然有人能得實證，由正覺同修會釋悟圓、釋善藏法師等二十餘位實證如來藏者所寫的見道報告，已爲當代學人見證宗門正法之絲縷不絕，證明大乘義學的法脈仍然存在，爲末法時代求悟般若之學人照耀出光明的坦途。由二十餘位大乘見道者所繕，敘述各種不同的學法、見道因緣與過程，參禪求悟者必讀。全書三百餘頁，售價300元。

**我的菩提路**第二輯：由郭正益老師等人合著，書中詳述彼等諸人歷經各處道場學法，一一修學而加以檢擇之不同過程以後，因閱讀正覺同修會、正智出版社書籍而發起抉擇分，轉入正覺同修會中修學；乃至學法及見道之過程，都一一詳述之。其中張志成等人係由前現代禪轉進正覺同修會，張志成原爲現代禪副宗長，以前未閱本會書籍時，曾被人藉其名義著文評論 平實導師（詳見《宗通與說通》辨正及《眼見佛性》書末附錄…等）；後因偶然接觸正覺同修會書籍，深覺以前聽人評論平實導師之語不實，於是投入極多時間閱讀本會書籍、深入思辨，詳細探索中觀與唯識之關聯與異同，認爲正覺之法義方是正法，深覺相應；亦解開多年來對佛法的迷雲，確定應依八識論正理修學方是正法。乃不顧面子，毅然前往正覺同修會面見平實導師懺悔，並正式學法求悟。今已與其同修王美伶（亦爲前現代禪傳法老師），同樣證悟如來藏而證得法界實相，生起實相般若眞智。此書中尚有七年來本會第一位眼見佛性者之見性報告一篇，一同供養大乘佛弟子。全書共四百頁，售價300元。

**維摩詰經講記**：本經係 世尊在世時，由等覺菩薩維摩詰居士藉疾病而演說之大乘菩提無上妙義，所說函蓋甚廣，然極簡略，是故今時諸方大師與學人讀之悉皆錯解，何況能知其中隱含之深妙正義，是故普遍無法為人解說；若強為人說，則成依文解義而有諸多過失。今由平實導師公開宣講之後，詳實解釋其中密意，令維摩詰菩薩所說大乘不可思議解脫之深妙正法得以正確宣流於人間，利益當代學人及與諸方大師。書中詳實演述大乘佛法深妙不共二乘之智慧境界，顯示諸法之中絕待之實相境界，建立大乘菩薩妙道於永遠不敗不壞之地，以此成就護法偉功，欲冀永利娑婆人天。已經宣講圓滿整理成書流通，以利諸方大師及諸學人。全書共六輯，每輯三百餘頁，售價各250元。

**真假外道**：本書具體舉證佛門中的常見外道知見實例，並加以教證及理證上的辨正，幫助讀者輕鬆而快速的了知常見外道的錯誤知見，進而遠離佛門內外的常見外道知見，因此即能改正修學方向而快速實證佛法。游正光老師著。成本價200元。

**勝鬘經講記**：如來藏爲三乘菩提之所依，若離如來藏心體及其含藏之一切種子，即無三界有情及一切世間法，亦無二乘菩提緣起性空之出世間法；本經詳說無始無明、一念無明皆依如來藏而有之正理，藉著詳解煩惱障與所知障間之關係，令學人深入了知二乘菩提與佛菩提相異之妙理；聞後即可了知佛菩提之特勝處及三乘修道之方向與原理，邁向攝受正法而速成佛道的境界中。平實導師講述，共六輯，每輯三百餘頁，售價各250元。

**楞嚴經講記**：楞嚴經係密教部之重要經典，亦是顯教中普受重視之經典；經中宣說明心與見性之內涵極爲詳細，將一切法都會歸如來藏及佛性—妙眞如性；亦闡釋佛菩提道修學過程中之種種魔境，以及外道誤會涅槃之狀況，旁及三界世間之起源。然因言句深澀難解，法義亦復深妙寬廣，學人讀之普難通達，是故讀者大多誤會，不能如實理解佛所說之明心與見性內涵，亦因是故多有悟錯之人引爲開悟之證言，成就大妄語罪。今由平實導師詳細講解之後，整理成文，以易讀易懂之語體文刊行天下，以利學人。全書十五輯，全部出版完畢。每輯三百餘頁，售價每輯300元。

**明心與眼見佛性**：本書細述明心與眼見佛性之異同，同時顯示了中國禪宗破初參明心與重關眼見佛性二關之間的關聯；書中又藉法義辨正而旁述其他許多勝妙法義，讀後必能遠離佛門長久以來積非成是的錯誤知見，令讀者在佛法的實證上有極大助益。也藉慧廣法師的謬論來教導佛門學人回歸正知正見，遠離古今禪門錯悟者所墮的意識境界，非唯有助於斷我見，也對未來的開悟明心實證第八識如來藏有所助益，是故學禪者都應細讀之。游正光老師著　共448頁

售價300元。

**菩薩底憂鬱**CD將菩薩情懷及禪宗公案寫成新詞，並製作成超越意境的優美歌曲。1.主題曲〈菩薩底憂鬱〉，描述地後菩薩能離三界生死而迴向繼續生在人間，但因尚未斷盡習氣種子而有極深沈之憂鬱，非三賢位菩薩及二乘聖者所知，此憂鬱在七地滿心位方才斷盡；本曲之詞中所說義理極深，昔來所未曾見；此曲係以優美的情歌風格寫詞及作曲，聞者得以激發嚮往諸地菩薩境界之大心，詞、曲都非常優美，難得一見；其中勝妙義理之解說，已印在附贈之彩色小冊中。2.以各輯公案拈提中直示禪門入處之頌文，作成各種不同曲風之超意境歌曲，值得玩味、參究；聆聽公案拈提之優美歌曲時，請同時閱讀內附之印刷精美說明小冊，可以領會超越三界的證悟境界；未悟者可以因此引發求悟之意向及疑情，眞發菩提心而邁向求悟之途，乃至因此眞實悟入般若，成眞菩薩。3.正覺總持咒新曲，總持佛法大意；總持咒之義理，已加以解說並印在隨附之小冊中。本CD共有十首歌曲，長達63分鐘，附贈二張購書優惠券。每片280元。

**禪意無限**CD平實導師以公案拈提書中偈頌寫成不同風格曲子，與他人所寫不同風格曲子共同錄製出版，幫助參禪人進入禪門超越意識之境界。盒中附贈彩色印製的精美解說小冊，以供聆聽時閱讀，令參禪人得以發起參禪之疑情，即有機會證悟本來面目，實證大乘菩提般若。本CD共有十首歌曲，長達69分鐘，每盒各附贈二張購書優惠券。每片280元。

**金剛經宗通**：三界唯心，萬法唯識，是成佛之修證內容，是諸地菩薩之所修；般若則是成佛之道（實證三界唯心、萬法唯識）的入門，若未證悟實相般若，即無成佛之可能，必將永在外門廣行菩薩六度，永在凡夫位中。然而實相般若的發起，全賴實證萬法的實相；若欲證知萬法的眞相，則必須探究萬法之所從來，則須實證自心如來—金剛心如來藏，然後現觀這個金剛心的金剛性、眞實性、如如性、清淨性、涅槃性、能生萬法的自性性、本住性，名爲證眞如；進而現觀三界六道唯是此金剛心所成，人間萬法須藉八識心王和合運作方能現起。如是實證《華嚴經》的「三界唯心、萬法唯識」以後，由此等現觀而發起實相般若智慧，繼續進修第十住位的如幻觀、第十行位的陽焰觀、第十迴向位的如夢觀，再生起增上意樂而勇發十無盡願，方能滿足三賢位的實證，轉入初地；自知成佛之道而無偏倚，從此按部就班、次第進修乃至成佛。第八識自心如來是般若智慧之所依，般若智慧的修證則要從實證金剛心自心如來開始；《金剛經》則是解說自心如來之經典，是一切三賢位菩薩所應進修之實相般若經典。這一套書，是將平實導師宣講的《金剛經宗通》內容，整理成文字而流通之；書中所說義理，迥異古今諸家依文解義之說，指出大乘見道方向與理路，有益於禪宗學人求開悟見道，及轉入內門廣修六度萬行。講述完畢後結集出版，總共9輯，每輯約三百餘頁，售價各250元。

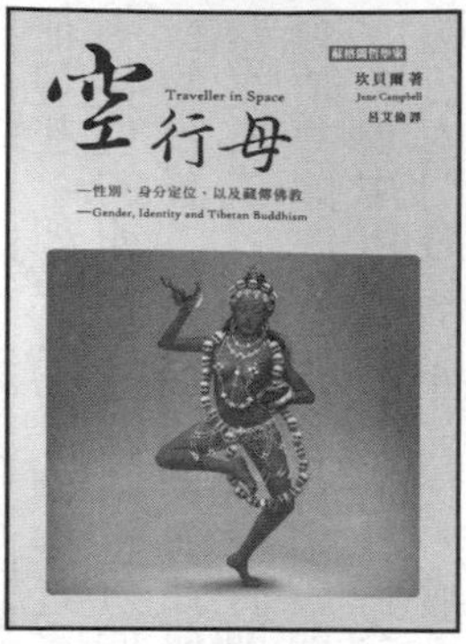


**空行母—性別、身分定位，以及藏傳佛教**：本書作者為蘇格蘭哲學家，因為嚮往佛教深妙的哲學內涵，於是進入當年盛行於歐美的假藏傳佛教密宗，擔任卡盧仁波切的翻譯工作多年以後，被邀請成為卡盧的空行母（又名佛母、明妃），開始了她在密宗裡的實修過程；後來發覺在密宗雙身法中的修行，其實無法使自己成佛，也發覺密宗對女性岐視而處處貶抑，並剝奪女性在雙身法中擔任一半角色時應有的身分定位。當她發覺自己只是雙身法中被喇嘛利用的工具，沒有獲得絲毫應有的尊重與基本定位時，發現了密宗的父權社會控制女性的本質；於是作者傷心地離開了卡盧仁波切與密宗，但是卻被恐嚇不許講出她在密宗裡的經歷，也不許她說出自己對密宗的教義與教制下對女性剝削的本質，否則將被咒殺死亡。後來她去加拿大定居，十餘年後方才擺脫這個恐嚇陰影，下定決心將親身經歷的實情及觀察到的事實寫下來並且出版，公諸於世。出版之後，她被流亡的達賴集團人士大力攻訐，誣指她為精神狀態失常、說謊……等。但有智之士並未被達賴集團的政治操作及各國政府政治運作吹捧達賴的表相所欺，使她的書銷售無阻而又再版。正智出版社鑑於作者此書是親身經歷的事實，所說具有針對「藏傳佛教」而作學術研究的價值，也有使人認清假藏傳佛教剝削佛母、明妃的男性本位實質，因此洽請作者同意中譯而出版於華人地區。珍妮·坎貝爾女士著，呂艾倫 中譯，每冊250元。

**霧峰無霧—給哥哥的信**：本書作者藉兄弟之間信件往來論義，略述佛法大義；並以多篇短文辨義，舉出釋印順對佛法的無量誤解證據，並一一給予簡單而清晰的辨正，令人一讀即知。久讀、多讀之後即能認清楚釋印順的六識論見解，與眞實佛法之牴觸是多麼嚴重；於是在久讀、多讀之後，於不知不覺之間提升了對佛法的極深入理解，正知正見就在不知不覺間建立起來了。當三乘佛法的正知見建立起來之後，對於三乘菩提的見道條件便將隨之具足，於是聲聞解脫道的見道也就水到渠成；接著大乘見道的因緣也將次第成熟，未來自然也會有親見大乘菩提之道的因緣，悟入大乘實相般若也將自然成功，自能通達般若系列諸經而成實義菩薩。作者居住於南投縣霧峰鄉，自喻見道之後不復再見霧峰之霧，故鄉原野美景一一明見，於是立此書名為《霧峰無霧》；讀者若欲撥霧見月，可以此書為緣。游宗明 老師著 售價250元。

**假藏傳佛教的神話——性、謊言、喇嘛教**：本書編著者是由一首名叫「阿姊鼓」的歌曲為緣起，展開了序幕，揭開假藏傳佛教—喇嘛教—的神祕面紗。其重點是蒐集、摘錄網路上質疑「喇嘛教」的帖子，以揭穿「假藏傳佛教的神話」為主題，串聯成書，並附加彩色插圖以及說明，讓讀者們瞭解西藏密宗及相關人事如何被操作為「神話」的過程，以及神話背後的眞相。作者：張正玄教授。售價200元。

**達賴眞面目——玩盡天下女人**：假使您不想戴綠帽子，請記得詳細閱讀此書；假使您不想讓好朋友戴綠帽子，請您將此書介紹給您的好朋友。假使您想保護家中的女性，也想要保護好朋友的女眷，請記得將此書送給家中的女性和好友的女眷都來閱讀。本書為印刷精美的大本彩色中英對照精裝本，為您揭開達賴喇嘛的眞面目，內容精彩不容錯過，為利益社會大眾，特別以優惠價格嘉惠所有讀者。編著者：白志偉等。大開版雪銅紙彩色精裝本。售價800元。

**喇嘛性世界——揭開假藏傳佛教譚崔瑜伽的面紗**：這個世界中的喇嘛，號稱來自世外桃源的香格里拉，穿著或紅或黃的喇嘛長袍，散布於我們的身邊傳教灌頂，吸引了無數的人嚮往學習；這些喇嘛虔誠地為大眾祈福，手中拿著寶杵（金剛）與寶鈴（蓮花），口中唸著咒語：「唵．嘛呢．叭咪．吽……」，咒語的意思是說：「我至誠歸命金剛杵上的寶珠伸向蓮花寶穴之中」！「喇嘛性世界」是什麼樣的「世界」呢？本書將為您呈現喇嘛世界的面貌。當您發現眞相以後，您將會唸：「噢！喇嘛．性．世界，譚崔性交嘛！」作者：張善思、呂艾倫。售價200元。

**末代達賴——性交教主的悲歌**：簡介從藏傳僞佛教（喇嘛教）的修行核心—性力派男女雙修，探討達賴喇嘛及藏傳僞佛教的修行內涵。書中引用外國知名學者著作、世界各地新聞報導，包含：歷代達賴喇嘛的祕史、達賴六世修雙身法的事蹟，以及《時輪續》中的性交灌頂儀式……等；達賴喇嘛書中開示的雙修法、達賴喇嘛的黑暗政治手段；達賴喇嘛所領導的寺院爆發喇嘛性侵兒童；新聞報導《西藏生死書》作者索甲仁波切性侵女信徒、澳洲喇嘛秋達公開道歉、美國最大假藏傳佛教組織領導人邱陽創巴仁波切的性氾濫；等等事件背後眞相的揭露。作者：張善思、呂艾倫、辛燕。售價250元。

**第七意識與第八意識？——穿越時空「超意識」**：「三界唯心，萬法唯識」是佛教中應該實證的聖教，也是《華嚴經》中明載而可以實證的法界實相。唯心者，三界一切境界、一切諸法唯是一心所成就，即是每一個有情的第八識如來藏，不是意識心。唯識者，即是人類各各都具足的八識心王——眼識、耳鼻舌身意識、意根、阿賴耶識，第八阿賴耶識又名如來藏，人類五陰相應的萬法，莫不由八識心王共同運作而成就，故說萬法唯識。依聖教量及現量、比量，都可以證明意識是二法因緣生，是由第八識藉意根與法塵二法爲因緣而出生，又是夜夜斷滅不存之生滅心，即無可能反過來出生第七識意根、第八識如來藏，當知不可能從生滅性的意識心中，細分出恆審思量的第七識意根，更無可能細分出恆而不審的第八識如來藏。本書是將演講內容整理成文字，細說如是內容，並已在〈正覺電子報〉連載完畢，今彙集成書以廣流通，欲幫助佛門有緣人斷除意識我見，跳脫於識陰之外而取證聲聞初果；嗣後修學禪宗時即得不墮外道神我之中，得以求證第八識金剛心而發起般若實智。平實導師 述，每冊300元。

**黯淡的達賴—失去光彩的諾貝爾和平獎**：本書舉出很多證據與論述，詳述達賴喇嘛不爲世人所知的一面，顯示達賴喇嘛並不是眞正的和平使者，而是假借諾貝爾和平獎的光環來欺騙世人；透過本書的說明與舉證，讀者可以更清楚的瞭解，達賴喇嘛是結合暴力、黑暗、淫欲於喇嘛教裡的集團首領，其政治行爲與宗教主張，早已讓諾貝爾和平獎的光環染污了。　本書由財團法人正覺教育基金會寫作、編輯，由正覺出版社印行，每冊250元。

**童女迦葉考—論呂凱文〈佛教輪迴思想的論述分析〉之謬**：童女迦葉是佛世率領五百大比丘遊行於人間的歷史事實，是以童貞行而依止菩薩戒弘化於人間的大菩薩，不依別解脫戒（聲聞戒）來弘化於人間。這是大乘佛教與聲聞佛教同時存在於佛世的歷史明證，證明大乘佛教不是從聲聞法中分裂出來的部派佛教的產物，卻是聲聞佛教分裂出來的部派佛教聲聞凡夫僧所不樂見的史實；於是古今聲聞法中的凡夫都欲加以扭曲而作詭說，更是末法時代高聲大呼「大乘非佛說」的六識論聲聞凡夫極力想要扭曲的佛教史實之一，於是想方設法扭曲迦葉菩薩爲聲聞僧，以及扭曲迦葉童女爲比丘僧等荒謬不實之論著便陸續出現，古時聲聞僧寫作的《分別功德論》是最具體之事例，現代之代表作則是呂凱文先生的〈佛教輪迴思想的論述分析〉論文。鑑於如是假藉學術考證以籠罩大眾之不實謬論，未來仍將繼續造作及流竄於佛教界，繼續扼殺大乘佛教學人法身慧命，必須舉證辨正之，遂成此書。平實導師 著，每冊180元。

**人間佛教—實證者必定不悖三乘菩提**：「大乘非佛說」的講法似乎流傳已久，卻只是日本人企圖擺脫中國正統佛教的影響，而在明治維新時期才開始提出來的說法；台灣佛教、大陸佛教的淺學無智之人，由於未曾實證佛法而迷信日本人錯誤的學術考證，錯認爲這些別有用心的日本佛學考證的講法爲天竺佛教的眞實歷史；甚至還有更激進的反對佛教者提出「釋迦牟尼佛並非眞實存在，只是後人捏造的假歷史人物」，竟然也有少數人願意跟著「學術」的假光環而信受不疑，於是開始有一些佛教界人士造作了反對中國佛教而推崇南洋小乘佛教的行爲，使佛教的信仰者難以檢擇，導致一般大陸人士開始轉入基督教的盲目迷信中。在這些佛教及外教人士之中，也就有一分人根據此邪說而大聲主張「大乘非佛說」的謬論，這些人以「人間佛教」的名義來抵制中國正統佛教，公然宣稱中國的大乘佛教是由聲聞部派佛教的凡夫僧所創造出來的。這樣的說法流傳於台灣及大陸佛教界凡夫僧之中已久，卻非眞正的佛教歷史中曾經發生過的事，只是繼承六識論的聲聞法中凡夫僧依自己的意識境界立場，純憑臆想而編造出來的妄想說法，卻已經影響許多無智之凡夫僧俗信受不移。本書則是從佛教的經藏法義實質及實證的現量內涵本質立論，證明大乘佛法本是佛說，是從《阿含正義》尚未說過的不同面向來討論「人間佛教」的議題，證明「大乘眞佛說」。閱讀本書可以斷除六識論邪見，迴入三乘菩提正道發起實證的因緣；也能斷除禪宗學人學禪時普遍存在之錯誤知見，對於建立參禪時的正知見有很深的著墨。平實導師 述，內文488頁，全書528頁，定價400元。

**見性與看話頭**：黃正倖老師的《見性與看話頭》於《正覺電子報》連載完畢，今集結出版。書中詳說禪宗看話頭的詳細方法，並細說看話頭與眼見佛性的關係，以及眼見佛性者求見佛性者必須具備的條件。本書是禪宗實修者追求明心開悟時參禪的方法書，也是求見佛性者作功夫時必讀的方法書，內容兼顧眼見佛性的理論與實修之方法，是依實修之體驗配合理論而詳述，條理分明而且極爲詳實、周全、深入。本書內文375頁，全書416頁，售價300元。

**中觀金鑑—詳述應成派中觀的起源與其破法本質：**學佛人往往迷於中觀學派之不同學說，被應成派與自續派所迷惑；修學般若中觀二十年後自以為實證般若中觀了，卻仍不曾入門，甫聞實證般若中觀者之所說，則茫無所知，迷惑不解；隨後信心盡失，不知如何實證佛法；凡此，皆因惑於這二派中觀學說所致。自續派中觀所說同於常見，以意識境界立為第八識如來藏之境界，應成派所說則同於斷見，但又同立意識為常住法，故亦具足斷常二見。今者孫正德老師有鑑於此，乃將起源於密宗的應成派中觀學說，追本溯源，詳考其來源之外，亦一一舉證其立論內容，詳加辨正，令密宗雙身法祖師以識陰境界而造之應成派中觀學說本質，詳細呈現於學人眼前，令其維護雙身法之目的無所遁形。若欲遠離密宗此二大派中觀謬說，欲於三乘菩提有所進道者，允宜具足閱讀並細加思惟，反覆讀之以後將可捨棄邪道返歸正道，則於般若之實證即有可能，證後自能現觀如來藏之中道境界而成就中觀。本書分上、中、下三冊，每冊250元，已全部出版完畢。

**真心告訴您(一)—達賴喇嘛在幹什麼？**這是一本報導篇章的選集，更是「破邪顯正」的暮鼓晨鐘。「破邪」是戳破假象，說明達賴喇嘛及其所率領的密宗四大派法王、喇嘛們，弘傳的佛法是仿冒的佛法；他們是假藏傳佛教，是坦特羅(譚崔性交)外道法和藏地崇奉鬼神的苯教混合成的「喇嘛教」，推廣的是以所謂「無上瑜伽」的男女雙身法冒充佛法的假佛教，詐財騙色誤導眾生，常常造成信徒家庭破碎、家中兒少失怙的嚴重後果。「顯正」是揭櫫眞相，指出眞正的藏傳佛教只有一個，就是覺囊巴，傳的是 釋迦牟尼佛演繹的第八識如來藏妙法，稱為他空見大中觀。正覺教育基金會即以此古今輝映的如來藏正法正知見，在眞心新聞網中逐次報導出來，將箇中原委「眞心告訴您」，如今結集成書，與想要知道密宗眞相的您分享。售價250元。

**實相經宗通**：學佛之目的在於實證一切法界背後之實相，禪宗稱之為本來面目或本地風光，佛菩提道中稱之為實相法界；此實相法界即是金剛藏，又名佛法之祕密藏，即是能生有情五陰、十八界及宇宙萬有（山河大地、諸天、三惡道世間）的第八識如來藏，又名阿賴耶識心，即是禪宗祖師所說的眞如心，此心即是三界萬有背後的實相。證得此第八識心時，自能瞭解般若諸經中隱說的種種密意，即得發起實相般若——實相智慧。每見學佛人修學佛法二十年後仍對實相般若茫然無知，亦不知如何入門，茫無所趣；更因不知三乘菩提的互異互同，是故越是久學者對佛法越覺茫然，都肇因於尚未瞭解佛法的全貌，亦未瞭解佛法的修證內容即是第八識心所致。本書對於修學佛法者所應實證的實相境界提出明確解析，並提示趣入佛菩提道的入手處，有心親證實相般若的佛法實修者，宜詳讀之，於佛菩提道之實證即有下手處。平實導師述著，共八輯，全部出版完畢，每輯成本價250元。

**法華經講義**：此書為平實導師始從2009/7/21演述至2014/1/14之講經錄音整理所成。世尊一代時教，總分五時三教，即是華嚴時、聲聞緣覺教、般若教、種智唯識教、法華時；依此五時三教區分為藏、通、別、圓四教。本經是最後一時的圓教經典，圓滿收攝一切法教於本經中，是故最後的圓教聖訓中，特地指出無有三乘菩提，其實唯有一佛乘；皆因眾生愚迷故，方便區分為三乘菩提以助眾生證道。世尊於此經中特地說明如來示現於人間的唯一大事因緣，便是為有緣眾生「開、示、悟、入」諸佛的所知所見——第八識如來藏妙眞如心，並於諸品中隱說「妙法蓮花」如來藏心的密意。然因此經所說甚深難解，眞義隱晦，古來難得有人能窺堂奧；平實導師以知如是密意故，特為末法佛門四眾演述《妙法蓮華經》中各品蘊含之密意，使古來未曾被古德註解出來的「此經」密意，如實顯示於當代學人眼前。乃至〈藥王菩薩本事品〉、〈妙音菩薩品〉、〈觀世音菩薩普門品〉、〈普賢菩薩勸發品〉中的微細密意，亦皆一併詳述之，開前人所未曾言之密意，示前人所未見之妙法。最後乃至以〈法華大意〉而總其成，全經妙旨貫通始終，而依佛旨圓攝於一心如來藏妙心，厥為曠古未有之大說也。平實導師述　已於2015/5/31起出版第一輯，每兩個月出版一輯，共有25輯。每輯300元。

**西藏「活佛轉世」制度—附佛、造神、世俗法：**歷來關於喇嘛教活佛轉世的研究，多針對歷史及文化兩部分，於其所以成立的理論基礎，較少系統化的探討。尤其是此制度是否依據「佛法」而施設？是否合乎佛法眞實義？現有的文獻大多含糊其詞，或人云亦云，不曾有明確的闡釋與如實的見解。因此本文先從活佛轉世的由來，探索此制度的起源、背景與功能，並進而從活佛的尋訪與認證之過程，發掘活佛轉世的特徵，以確認「活佛轉世」在佛法中應具足何種果德。定價150元。

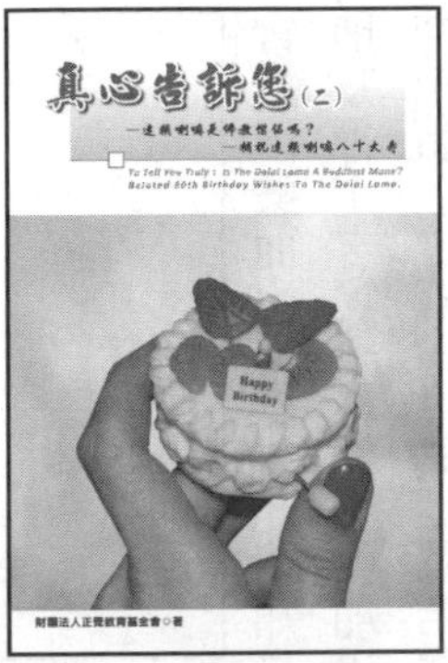


**真心告訴您(二)—達賴喇嘛是佛教僧侶嗎？補祝達賴喇嘛八十大壽：**這是一本針對當今達賴喇嘛所領導的喇嘛教，冒用佛教名相、於師徒間或師兄姊間，實修男女邪淫，而從佛法三乘菩提的現量與聖教量，揭發其謊言與邪術，證明達賴及其喇嘛教是仿冒佛教的外道，是「假藏傳佛教」。藏密四大派教義雖有「八識論」與「六識論」的表面差異，然其實修之內容，皆共許「無上瑜伽」四部灌頂爲究竟「成佛」之法門，也就是共以男女雙修之邪淫法爲「即身成佛」之密要，雖美其名曰「欲貪爲道」之「金剛乘」，並誇稱其成就超越於（應身佛）釋迦牟尼佛所傳之顯教般若乘之上；然詳考其理論，則或以意識離念時之粗細心爲第八識如來藏，或以中脈裡的明點爲第八識如來藏，或如宗喀巴與達賴堅決主張第六意識爲常恆不變之眞心者，分別墮於外道之常見與斷見中；全然違背　佛說能生五蘊之如來藏的實質。售價300元。

**修習止觀坐禪法要講記**：修學四禪八定之人，往往錯會禪定之修學知見，欲以無止盡之坐禪而證禪定境界，卻不知修除性障之行門才是修證四禪八定不可或缺之要素，故智者大師云「性障初禪」；性障不除，初禪永不現前，云何修證二禪等？又：行者學定，若唯知數息，而不解六妙門之方便善巧者，欲求一心入定，極難可得，智者大師名之為「事障未來」：障礙未到地定之修證。又禪定之修證，不可違背二乘菩提及第一義法，否則縱使具足四禪八定，亦不能實證涅槃而出三界。此諸知見，智者大師於《修習止觀坐禪法要》中皆有闡釋。作者平實導師以其第一義之見地及禪定之實證證量，曾加以詳細解析。將俟正覺寺竣工啓用後重講，不限制聽講者資格；講後將以語體文整理出版。欲修習世間定及增上定之學者，宜細讀之。平實導師述著。

**解深密經講記**：本經係　世尊晚年第三轉法輪，宣說地上菩薩所應熏修之唯識正義經典，經中所說義理乃是大乘一切種智增上慧學，以阿陀那識—如來藏—阿賴耶識為主體。禪宗之證悟者，若欲修證初地無生法忍乃至八地無生法忍者，必須修學《楞伽經、解深密經》所說之八識心王一切種智；此二經所說正法，方是眞正成佛之道；印順法師否定如來藏之後所說萬法緣起性空之法，是以誤會後之二乘解脫道取代大乘眞正成佛之道，亦已墮於斷滅見中，不可謂為成佛之道也。平實導師曾於本會郭故理事長往生時，於喪宅中從初七至第十七，宣講圓滿，作為郭老之往生佛事功德，迴向郭老早證八地、速返娑婆住持正法；茲為今時後世學人故，將擇期重講《解深密經》，以淺顯之語句講畢後將會整理成文，用供證悟者進道；亦令諸方未悟者，據此經中佛語正義，修正邪見，依之速能入道。平實導師述著，全書輯數未定，每輯三百餘頁，將於未來重講完畢後逐輯出版。

**佛法入門**：學佛人往往修學二十年後仍不知如何入門，茫無所入漫無方向，不知如何實證佛法；更因不知三乘菩提的互異互同之處，導致越是久學者越覺茫然，都是肇因於尚未瞭解佛法的全貌所致。本書對於佛法的全貌提出明確的輪廓，並說明三乘菩提的異同處，讀後即可輕易瞭解佛法全貌，數日內即可明瞭三乘菩提入門方向與下手處。○○菩薩著 出版日期未定。

**阿含講記**——小乘解脫道之修證：數百年來，南傳佛法所說證果之不實，所說解脫道之虛妄，所弘解脫道法義之世俗化，皆已少人知之；從南洋傳入台灣與大陸之後，所說法義虛謬之事，亦復少人知之；今時台灣全島印順系統之法師居士，多不知南傳佛法數百年來所說解脫道之義理已然偏斜、已然世俗化、已非眞正之二乘解脫正道，猶極力推崇與弘揚。彼等南傳佛法近代所謂之證果者多非眞實證果者，譬如阿迦曼、葛印卡、帕奧禪師、一行禪師……等人，悉皆未斷我見故。近年更有台灣南部大願法師，高抬南傳佛法之二乘修證行門爲「捷徑究竟解脫之道」者，然而南傳佛法縱使眞修實證，得成阿羅漢，至高唯是二乘菩提解脫之道，絕非**究竟**解脫，無餘涅槃中之實際尚未得證故，法界之實相尚未了知故，習氣種子待除故，一切種智未實證故，焉得謂爲「究竟解脫」？即使南傳佛法近代眞有實證之阿羅漢，尚且不及三賢位中之七住明心菩薩本來自性清淨涅槃智慧境界，不知此賢位菩薩所證之無餘涅槃實際，仍非大乘佛法中之見道者，何況普未實證聲聞果乃至未斷我見之人？謬充證果已屬逾越，更何況是誤會二乘菩提之後，以未斷我見之凡夫知見所說之二乘菩提解脫偏斜法道，焉可高抬爲「究竟解脫」？而且自稱「捷徑之道」？又妄言解脫之道即是成佛之道，完全否定般若實智、否定三乘菩提所依之如來藏心體，此理大大不通也！平實導師爲令修學二乘菩提欲證解脫果者，普得迴入二乘菩提正見、正道中，是故選錄四阿含諸經中，對於二乘解脫道法義有具足圓滿說明之經典，預定未來十年內將會加以詳細講解，令學佛人得以了知二乘解脫道之修證理路與行門，庶免被人誤導之後，未證言證，干犯道禁，成大妄語，欲升反墮。本書首重斷除我見，以助行者斷除我見而實證初果爲著眼之目標，若能根據此書內容，配合平實老師所著《識蘊眞義》《阿含正義》內涵而作實地觀行，實證初果非爲難事，行者可以藉此三書自行確認聲聞初果爲實際可得現觀成就之事。此書中除依二乘經典所說加以宣示外，亦依斷除我見等之證量，及大乘法中道種智之證量，對於意識心之體性加以細述，令諸二乘學人必定得斷我見、常見，免除三縛結之繫縛。次則宣示斷除我執之理，欲令升進而得薄貪瞋痴，乃至斷五下分結…等。平實導師述，共二冊，每冊三百餘頁。每輯300元。

**總經銷：飛鴻 國際行銷股份有限公司**

231 新北市新店市中正路 501 之 9 號 2 樓

Tel.02－82186688（五線代表號） Fax.02-82186458、82186459

**零售：**1.**全台連鎖經銷書局：**

三民書局、誠品書局、何嘉仁書店

敦煌書店、紀伊國屋、金石堂書局、建宏書局

2.**台北市：**佛化人生 羅斯福路 3 段 325 號 6 樓之 4 台電大樓對面

3.**新北市：**春大地書店 **蘆洲**中正路 117 號 明達書局 **三重**五華街 129 號

4.**桃園市縣：**誠品書局 **桃園市**中正路 20 號遠東百貨地下室一樓

金石堂 **桃園市**大同路 24 號 金石堂 **桃園**八德市介壽路 1 段 987 號

諾貝爾圖書城 **桃園市**中正路 56 號地下室 御書堂 **龍潭**中正路 123 號

墊腳石文化書店 **中壢市**中正路 89 號

5.**新竹市縣：**大學書局 **新竹**建功路 10 號 誠品書局 **新竹**東區信義街 68 號

誠品書局 **新竹**東區中央路 229 號 5 樓 誠品書局 **新竹**東區力行二路 3 號

墊腳石文化書店 **新竹**中正路 38 號 金典文化 **竹北**中正西路 47 號

6.**苗栗市縣：**萬花筒書局 **苗栗市**府東路 73 號

7.**台中市：** **瑞成**書局、各大連鎖書店。

詠春書局 台中市永春東路 884 號 文春書局 **霧峰**中正路 1087 號

8.**彰化市縣：**心泉佛教流通處 **彰化市**南瑤路 286 號

**員林鎮：**墊腳石圖書文化廣場 中山路 2 段 49 號（04-8338485）

9.**台南市：**博大書局 **新營**三民路 128 號

藝美書局 **善化**中山路 436 號 宏欣書局 **佳里**光復路 214 號

10.**高雄市：**各大連鎖書店、**瑞成**書局

政大書城 **三民區**明仁路 161 號 政大書城 **苓雅區**光華路 148-83 號

明儀書局 **三民區**明福街 2 號 明儀書局 三多四路 63 號

青年書局 青年一路 141 號

11.**宜蘭縣市：**金隆書局 宜蘭市中山路 3 段 43 號

宋太太梅鋪 羅東鎮中正北路 101 號（039-534909）

12.**台東市：**東普佛教文物流通處 台東市博愛路 282 號

13.**其餘鄉鎮市經銷書局：**請電詢總經銷**飛鴻**公司。

14.**大陸地區請洽：**

**香港：**樂文書店

旺角店 :香港九龍旺角西洋菜街 62 號 3 樓

電話 :(852) 2390 3723 email: luckwinbooks@gmail.com

銅鑼灣店 :香港銅鑼灣駱克道 506 號 2 樓

電話 :(852) 2881 1150 email: luckwinbs@gmail.com

**廈門：**廈門外圖臺灣書店有限公司
地址：廈門市思明區湖濱南路809號 廈門外圖書城3樓 郵編：361004
電話：0592-5061658（臺灣地區請撥打 86-592-5061658）
E-mail：JKB118@188.COM

15.**美國：世界日報圖書部：**紐約圖書部　電話 7187468889#6262
洛杉磯圖書部　電話 3232616972#202

16.**國內外地區網路購書：**

**正智出版社 書香園地**　http://books.enlighten.org.tw/
（書籍簡介、直接聯結下列網路書局購書）

**三民** 網路書局　http://www.Sanmin.com.tw
**誠品** 網路書局　http://www.eslitebooks.com
**博客來** 網路書局　http://www.books.com.tw
**金石堂** 網路書局　http://www.kingstone.com.tw
**飛鴻** 網路書局　http://fh6688.com.tw

**附註：**1.請儘量向各經銷書局購買：郵政劃撥需要十天才能寄到（本公司在您劃撥後第四天才能接到劃撥單，次日寄出後第四天您才能收到書籍，此八天中一定會遇到週休二日，是故共需十天才能收到書籍）若想要早日收到書籍者，請劃撥完畢後，將劃撥收據貼在紙上，旁邊寫上您的姓名、住址、郵區、電話、買書詳細內容，直接傳眞到本公司 02-28344822，並來電 02-28316727、28327495 確認是否已收到您的傳眞，即可提前收到書籍。 2.因台灣每月皆有五十餘種宗教類書籍上架，書局書架空間有限，故唯有新書方有機會上架，通常每次只能有一本新書上架；本公司出版新書，大多上架不久便已售出，若書局未再叫貨補充者，書架上即無新書陳列，則請直接向書局櫃台訂購。 3.若書局不便代購時，可於晚上共修時間向正覺同修會各共修處請購（共修時間及地點，詳閱共修現況表。每年例行年假期間請勿前往請書，年假期間請見共修現況表）。 4.郵購：郵政劃撥帳號 19068241。 5.正覺同修會會員購書都以八折計價（戶籍台北市者爲一般會員，外縣市爲護持會員）都可獲得優待，欲一次購買全部書籍者，可以考慮入會，節省書費。入會費一千元（第一年初加入時才需要繳），年費二千元。 **6.尚未出版之書籍，請勿預先郵寄書款與本公司，謝謝您！** 7.若欲一次購齊本公司書籍，或同時取得正覺同修會贈閱之全部書籍者，請於正覺同修會共修時間，親到各共修處請購及索取；**台北市讀者**請洽：103 台北市承德路三段 267 號 10 樓（捷運淡水線 圓山站旁）請書時間：週一至週五爲 18.00~21.00，第一、三、五週週六爲 10.00~21.00，雙週之週六爲 10.00~18.00 請購處專線電話：25957295-分機 14（於請書時間方有人接聽）。

**敬告大陸讀者：**

大陸讀者購書、索書捷徑（尚未在大陸出版的書籍，以下二個途徑都可以購得，電子書另包括結緣書籍）：

**1.廈門外國圖書公司**：廈門市思明區湖濱南路 809 號 廈門外圖書城 3F
　郵編：361004　電話：0592-5061658　網址：JKB118@188.COM

**2.電子書**：正智出版社有限公司及正覺同修會在台灣印行的各種局版書、結緣書，已有『**正覺電子書**』陸續上線中，提供讀者於手機、平板電腦上購書、下載、閱讀正智出版社、正覺同修會及正覺教育基金會所出版之電子書，詳細訊息敬請參閱『正覺電子書』專頁：http://books.enlighten.org.tw/ebook

關於平實導師的書訊，請上網查閱：

　成佛之道　http://www.a202.idv.tw

　正智出版社 書香園地　http://books.enlighten.org.tw/

**中國網**採訪佛教正覺同修會、正覺教育基金會訊息：

http://big5.china.com.cn/gate/big5/fangtan.china.com.cn/2014-06/19/content_32714638.htm

http://pinpai.china.com.cn/

★ 正智出版社有限公司售書之稅後盈餘，全部捐助財團法人正覺寺籌備處、佛教正覺同修會、正覺教育基金會，供作弘法及購建道場之用；懇請諸方大德支持，功德無量。

**★ 聲　明 ★**

本社於 2015/01/01 開始調整本目錄中部分書籍之售價，以因應各項成本的持續增加。

＊喇嘛教修外道雙身法、墮識陰境界，非佛教 ＊

＊弘揚如來藏他空見的覺囊派才是真正藏傳佛教 ＊

## 售後服務—換書啓事（免附回郵） 2012/09/24

**《楞嚴經講記》第 14 輯初版首刷本免費調換新書啓事**：本講記第 14 輯出版前因 平實導師諸事繁忙，未將之重新閱讀而只改正校對時發現的錯別字，故未能發覺十年前所說法義有部分錯誤，於第 15 輯付印前重閱時才發覺第 14 輯中有部分錯誤尚未改正。今已重新審閱修改並已重印完成，煩請所有讀者將以前所購第 14 輯初版首刷本，寄回本社免費換新（初版二刷本無錯誤），本社將於寄回新書時同時附上您寄書回來換新時所付的郵資，並在此向所有讀者致上最誠懇的歉意。

**《心經密意》初版書免費調換二版新書啓事**：本書係演講錄音整理成書，講時因時間所限，省略部分段落未講。後於再版時補寫增加 13 頁，維持原價流通之。茲爲顧及初版讀者權益，自 2003/9/30 開始免費調換新書，原有初版一刷、二刷書籍，皆可寄來本來公司換書。

**《宗門法眼》**已經增寫改版爲 464 頁新書，2008 年 6 月中旬出版。讀者原有初版之第一刷、第二刷書本，都可以寄回本社免費調換改版新書。改版後之公案及錯悟事例維持不變，但將內容加以增說，較改版前更具有廣度與深度，將更能助益讀者參究實相。

**換書者免附回郵**，亦無截止期限；舊書請寄：111 台北郵政 73-151 號信箱 或 103 台北市承德路三段 267 號 10 樓 正智出版社有限公司。舊書若有塗鴨、殘缺、破損者，仍可換取新書；但缺頁之舊書至少應仍有五分之三頁數，方可換書。所有讀者不必顧念本公司是否有盈餘之問題，都請踴躍寄來換書；本公司成立之目的不是營利，只要能眞實利益學人，即已達到成立及運作之目的。若以郵寄方式換書者，免附回郵；並於寄回新書時，由本社附上您寄來書籍時耗用的郵資。造成您不便之處，再次致上萬分的歉意。

正智出版社有限公司 啓

國家圖書館出版品預行編目(CIP)資料

童女迦葉考 ：論呂凱文〈佛教輪迴思想的論述分析〉之謬 / 平實導師著. -- 初版. -- ［臺北市］：正智, 2013.08
面； 公分
ISBN 978-986-6431-52-4(平裝)

1.佛教教理

220.1　　　　102012563

# 童女迦葉考

——論呂凱文〈佛教輪迴思想的論述分析〉之謬

作　者：平實導師
校　對：傅素嫻 王美伶
出版者：正智出版社有限公司
電話：○二 28327495　28316727 白天
傳眞：○二 28344822
111台北郵政73-151號信箱
郵政劃撥帳號：一九○六八二四一
正覺講堂：總機○二 25957295 夜間
總經銷：飛鴻國際行銷股份有限公司
231新北市新店區中正路501-9號2樓
電話：○二 82186688（五線代表號）
傳眞：○二 82186458　82186459
初版首刷：二○一三年八月三十日 二千冊
初版三刷：二○一六年九月二十八日 二千冊
定　價：一八○元